JN209734

田舎大家流「新築×IoT」不動産投資術

新築アパートはスマートホームで成功する!

多喜裕介 著

セルバ出版

※本書に記載されている内容は、著者が 2019 年 7 月時点で独自に調査した情報に基づいています。情報が変更される場合がありますので、あらかじめご了承ください。

はじめに

皆さん、こんにちは、富山県在住の【ド田舎大家Ｔ】こと多喜裕介と申します。

私は 2017 年 11 月に『田舎大家流不動産投資術 たった３年で家賃年収 4700 万円を達成した私の成功法則』（合同フォレスト）という本を出版させていただきました。お買い上げいただいた皆様にお礼申し上げます。

私はここ３年間で１年に１棟ずつ新築アパートを計３棟建ててきました。

今まで築古アパート系の投資家だったのに方向転換？　って思われるかもしれませんが、私の不動産投資ポートフォリオの中では築古アパートは基盤であり切り離すことはしていません。

また、築古アパートばかり取得している方からは、利回りの低い新築アパートなんて大丈夫なの？　と思われるかもしれません。

築古アパートには築古アパートの、新築アパートには新築アパートのメリット・デメリットがあり一概にどちらがよくてどちらが悪いなんてことは言えません。

ただ、築古アパートばかりやっていた身から言うと、築古アパートには残念な点が多いということです。

私は、本書を不動産投資の初心者に読んで欲しいとは思っていません。私同様に今まで築古アパートで苦労されていた方に是非読んで欲しいと思っています。

なぜなら、築古アパートで残念に思った点、こんなことができればいいのに、といったストレスやもどかしさを新築アパートにぶつけて、これまでに積んだ経験を活かして最高によい物件をつくり上げて欲しいのです。

私は初心者が１棟目で新築アパートを建てると失敗する可能性が高いと思っています。たとえ失敗しなくても、完成した途端にこうすればよかったと反省や後悔がたくさん感じることになります。

なぜなら、業者に丸投げになったり、業者の都合を丸め込まれたり言いなりになったりする可能性があるからです。

そんな物件、よい物件と言えるでしょうか？

私の地元では大手アパートメーカーがアパートを建てまくっています。

大手アパートメーカーの物件は、不動産投資が目的ではなく相続税対策（負債をつくること）が目的なので物件価格が高く家賃も高めで、聞いた話では利回りは４～６％程度だとか。

需要の有無関係なく建てている状態なので、このままでは新築アパートの家賃相場が崩れかねませんし、競合して値下げ競争に突入せざるを得ない状況に陥る可能性もあります。

値下げ合戦に突入を阻止するためにはどうすべきなのかを考えると、やはり「差別化」しかありません。

物件自体の競争力を高めること、他者に真似できない尖がった「何か」を求めて考えたのが、IoT（スマートホーム）でした。

しかし、投資家である以上、ランニングコストを意識しなければなりません。業者に丸投げすれば簡単に導入できますが、実は自分で導入してもハードルは高くありません。

私は１年間IoTを試行錯誤して無事「自分で」導入することができましたので、その方法を本書でお伝えしたいと思います。

参考になれば幸いです。

2019年９月

多喜　裕介

田舎大家流「新築× IoT」不動産投資術
新築アパートはスマートホームで成功する！　目次

第４章　田舎大家流「新築」不動産投資術
９つの戦略

第５章　これが、田舎大家流差別化術！
スマートホームアパートの導入！

第１章

なぜ、築古アパートの投資家が、新築木造アパートを建てるのか

１　築古アパートのメリットとデメリット

築古アパートのメリット

メリット①物件価格の安さ・利回りの高さ

築古アパートのメリットは何と言ってもタイミングがよければ物件価格が比較的安く・利回りが高いです。

自己資金次第では現金購入することも可能です。私のように田舎を中心に投資していると現金買いできる物件も出てくることがあります。

例えば、私の１棟目は500万円（利回り34％）だったので、現金購入です。２棟目も500万円（利回り36％）です。

物件価格は戸数規模や土地、立地、入居状況等に応じてピンからキリまであるので、自分のレベルや自己資金に応じて物件を選ぶことができます。

メリット②家賃の下落幅が少ない

家賃が安く下がりきっているので下落幅が少なく、家賃が安い価格帯なので、客層の間口も広くなります。

低所得者はもとより中高所得者もターゲットになりますが、高給取りが築古に入居するのと思われるかもしれません。私の経験上、新しさより広さを求めて単身者が築古のファミリー物件を選ぶ人もいました。

また、堅実に倹約している方も対象になります。例えば、家を建てるために頭金を貯める期間は安い価格帯の物件に入るなどです。

既に家賃が下がりきっているので、入居者からの家賃交渉もありません。交渉しようとしても安い比較物件がないので、交渉する余地がないとも言えます。

メリット③固定資産税が安い

築古アパートの固定資産税の安さにも魅力があります。

特に田舎の物件は土地の価格が安いため、小規模物件であれば土地と建物併せても数万円程度で済む場合もあります。

固定費が安ければキャッシュフローはよくなるので、固定資産税が安いことに越したことはありません。

メリット④減価償却費がとりやすい

減価償却費がとりやすいことは初期段階ではメリットとなります。

上記「固定資産税が安い」と同様に、土地の価格が安いと物件価格の内、建物割合も大きくなります。

私の築古物件は土地建物割合が同等で、短期間で多額の償却ができるので、キャッシュが残りやすいといえます。

ただし、気をつけないといけないのは、田舎の物件は建物割合が大きいので、最短期間で償却すると赤字になる可能性があるということです。

減価償却するということは決算書（資産の部）の建物が減額することになり、決算書を毀損する面もあります。

つまり、短期間で多額の減価償却費を計上することは、未来の利益の先食いになってしまうのです。

減価償却費はバランス感覚が必要で、私の場合（法人所有）は、最短期間で償却するのではなく、10年～融資期間で償却するようにしています。

築古アパートのデメリット

デメリット①競合物件が多く空室期間が長い

築古・新築問わず間取りや設備、立地など様々な条件がありますが、入居者の希望条件と一致しなければ入居付しにくい点があります。

そもそも、築古アパートの定義を耐用年数超えのアパートとするなら、時間が経つにつれて増え続け、後からやってくる築古アパートとも戦わなければなりません。

例えば、３点ユニットバスが普通だった時代の築古物件は、時間が経つにつれて後からやってくる風呂トイレ別タイプの築古物件とも戦わなければならないのです。

また、単純に家賃価格が同一で内装と設備は築年数相応とすれば、築年数が浅いほうが優位となるのは説明するまでもありません。

そのため、競合物件に勝つために何かしらの差別化を行わなければなりません。

だからといって家賃を下げるのは最終手段で、家賃を維持するために、試行錯誤と創意工夫を随時行わなければなりません。

デメリット②入居者の属性が悪い

入居付けが難しい築古アパートとなると、入居者の選り好みができない立場となります。

私の築古物件には、低所得者、年金受給者、生活保護者、外国人労働者などが入居しています。

入居してキチンと家賃を支払ってくれるだけでありがたいと思わざるを得ないのですが、退去したときが問題になります。

属性が悪い人に限って部屋の使い方が悪いので、原状回復費用を請求しても支払いを渋られるのです。

明らかに喫煙してクロスにヤニを付着させたにもかかわらず、喫煙していないと言い張る退去者もいたので、調停手続までしたこともあります。

属性が悪い入居者は賃貸借契約に無頓着なので、原状回復費用を連帯保証人に請求しようとしても既に亡くなっていることもあります。

そのため、築古物件は退去したときが本当の闘いがスタートすると思っています。

デメリット③修繕費が高額になる

築古アパートを購入した後の怖いものの１つに退去があります。

家賃が入ってこないことよりも、高額な修繕費が発生するのではないか心配になります。

アパート経営に積極的でない地主系大家から購入したアパートは、キチンと修繕されていないことが多く、建設当時の水周りや設備などがそのままの場合がよくあります。

想像してみてください、キッチンのステンレスが錆びて、収納扉の化粧面が剥がれています。洗面化粧台やエアコンのプラスチック部分は経年劣化で黄ばんでいます。和室の畳がぶかぶかしているのです。

そんな部屋に競争力があるわけではないので、設備は総取替えでクロスも全張替え、和室は床上げして洋室化です。

天井にクロスが貼られていればまだよく、ジプトンであれば塗装するなどの対応が必要になります。

単身向けの物件であれば、内装面積が狭いので修繕費は抑えられるかもしれませんが、ファミリー向けであれば内装面積が広いので費用も相当かかります。

このような中古物件を購入した際は、現代仕様に合う修繕を行わなければなりません。

何故なら周辺競合と戦うためのスタート地点にすら立つことができないからです。

逆に言えば、一度自分で修繕を手がけた部屋が退去したとしても、手間をかけずに再募集することが可能となります。

デメリット④繁忙期の修繕対応に時間がかかる

繁忙期に退去が集中するのは節目なので仕方ないのですが、退去が発生しているのは決して自分だけではないはずです。

地域によっては時期に差異があるかもしれませんが、ここで問題となるのは、業者さんや職人さんのスケジュールも詰まっているので、希望日までに仕上げてくれるとは限らないことです。

特に前述の「修繕費が高くつく」でも説明しましたが、修繕箇所が多くなるので、一度にたくさん退去が発生したり酷い汚部屋が発生したりすると、工事納期がそれだけ遅れることになります。

工事納期が遅れて繁忙期を過ぎてしまえば、半年から１年間空室となる危険性もあります。

そのため、年間を通して入居率が低下し年間売上に影響する可能性もあります。

デメリット⑤家賃単価の安い部屋は客付けしたがらない

築古物件の致命的なデメリットとして、管理会社が客付したがらないことがあります。

管理会社が客付したがる部屋というのは広告料が高い、つまり家賃が高い物件となります。

築古物件で特に単身向けの物件は、立地が悪かったり激戦区になると２万円を切る部屋があったりします。そんな単価の安い部屋は管理会社としては客付したがらないのです。

何故なら、家賃が高い部屋だろうが安い部屋だろうが、客付けするための労力は同じなので売上効率が悪く、必然的に優先順位が下がってしまうのです。

この対策としてよくあるのは広告料の上乗せですが、その分経費がかかってしまうので、利回りが高くてもランニングコストを悪化させる要因となってしまいます。

2　新築木造アパートのメリットとデメリット

新築アパートのメリット

メリット①立地の選択ができる

新築アパートは売りに出ている土地にアパートを建てて物件を造り上げます。

単に土地（宅地）として売りに出されている物件だけでなく、古家ありの土地を安く仕入れて、自分で解体業者を見つけて安く土地を仕上げることも可能です。

また、住宅地にある田畑を農地転用する方法もあり、売り物件さえあれば立地は選び放題なのです。

そのため、立地の選択肢がたくさんあるので、中古物件のようにわざわざ立地が悪い土地を選ぶ必要がありません。

メリット②建物仕様を市場に合わせて選択できる

中古アパートと違い間取りや内装、設備、グレード等を自由に決めることができます。

建物の仕様を自由にできるということは、簡素な内装にして家賃を抑えることもできれば、設備や内装をよくして家賃を高くすることも可能です。

これは、立地からどのような層をターゲットにするのかを考えて市場にマッチした物件を造ることで客付を容易にすることができます。

例えば､私の新築３棟目は看護系大学や病院から近いので､セキュリティや内装を意識することで女性をターゲットとしています。

地域の中心地や繁華街のように立地がよいのであれば、部屋面積を狭くして部屋数を多くすることで、利回りを高くすることも可能です。

また、郊外にある住宅街の土地を安く仕入れることで、部屋面積を広くしてファミリー物件にしてもよいです。

メリット③構造保証が 10 年ある

平成 11 年に制定された「住宅の品質確保の促進等に関する法律」により「構造」と「雨漏り」は 10 年間保証されています。

逆に言えば、この２箇所を除くとほとんどが消耗品（自己責任）に近いものと言えるので、基本的には問題になることはないです。

問題になることがあるとすれば、引渡し時に目視でわかるパターンと初期運用して顕在化するパターンがあります。

前者はキチンとチェックすれば問題がないはずですし、後者は実際に入居者が入って利用したタイミングでクレームが上がるので、その際に建設会社に修理依頼すればよいのです。

メリット④稼動後の手間が掛からない

新築アパートが稼動して初期運用トラブルが解決してしまうと、建物や設備が起因するトラブルは皆無と言って過言ではありません。

また、退去が発生したとしても重度の修繕はよっぽどのことがない限り不要です。

中古アパートの場合は、退去が発生すると修繕に時間がかかったりしますが、２～３回転程度なら内装修繕が不要のことが多いです。

また、トラブルが発生しなければ修繕費がかからないので、キャッシュフローが非常に安定します。

メリット⑤建物の維持管理コストが掛からない

中古アパートを所有している人であれば、どこに維持管理コストがかかるかわかると思います。

具体例として共用部の清掃や外構の除草作業がありますが、これは設計段階でわかることであり設計時に対策することでいくらでも排除することができます。

もちろん、植栽やエントランスのような共用部をつくることで物件価値を高める意図がある場合はよいのですが、維持管理コストに見合うかどうかは設計時に十分検討する必要はあるかと思います。

メリット⑥融資が比較的受けやすい

耐用年数が過ぎた築古アパートと違い、耐用年数が100%残っているので融資が比較的受けやすいです。

特に田舎では、相続税対策の地主系大家が大手アパートメーカーで建てる場合が多く、収益性が悪い案件を金融機関に持ち込んでいます。

しかし、我々投資家が建てる新築アパートは利回りを追求した物件です。相続税対策物件と比べると収益性は段違いによいので、金融機関の視点で見ると優良案件に見えることがよくあります。

メリット⑦返済の据置期間がある

既に入居者のいる中古アパートと違い、新築アパートは全部屋空室からスタートとなります。

そのため、金融機関にもよりますがローンの返済を数か月据え置いてくれることがあります。

この据置期間内に早く満室にすると、家賃から利息分を支払うだけで丸々手元に残ることになります。

早く満室にできれば、頭金の回収を早く終わらせて次の物件に取り掛かることができ、投資スピードを加速させることができます。

メリット⑧仲介手数料が安い

中古アパートと違い不動産会社から仲介してもらうのは土地のみとなるので、仲介手数料は土地分のみとなります。

特に田舎の物件は、土地割合が１～２割程度しかないので、キチンと土地から取得すれば中古物件や建売物件を買うより大幅に削減できるのです。

新築アパートのデメリット

デメリット①利回りが低い上に家賃が下落しやすい

築古アパートの利回りは10%台後半の物件があったりしますが、新築アパートの場合はよくて10%台前半です。

特にこの新築アパートの利回りは、竣工直後の新築プレミアム家賃設定での利回りなので、１～２回転してしまえば家賃は徐々に下落します。

そのため、築年数を重ねるほど利回りは下落し、元利金等返済設定時の返済比率は上昇することになります。

家賃は耐用年数到達までは年平均1.5%程度の下落を想定して返済計画を考えなければ、返済がキツくなる可能性があります。

デメリット②竣工するまでが一番手間がかかる

新築アパートを建てる際は、土地を仕入れて間取りを決めたら建設会社に丸投げ！　と思っている方いないでしょうか？

丸投げができるかできないかを言えばできますが、そんな丸投げ物件は粗悪な量産品に成り下がってしまうのです。

考えてみてください。建設業者にすべて任せた場合、建設会社の判断基準は都合のよい（利益を出す）ことを優先させるに決まっています。

そのため、施主として何を取捨選択するのかキチンと判断しなければなりません。

具体的に言えば、外壁デザイン、建具、内装デザイン、水周り、設備等です。

そんな細かいことを建設会社に任せればよいのではと思われるか

もしれませんが、仕上がりを見て後悔する可能性を考えると、こだわるべき箇所はキチンとこだわり、他人任せにしてはいけないのです。

デメリット③竣工が遅れるリスクあり

建設業界の繁忙期は下期で上期は閑散期となります。これは一般的な会社や公共工事は決算前竣工に向けて発注するためです。

不動産賃貸業の繁忙期も説明するまでもなく年度末となり、この時期に合わせて建設スケジュールを計画します。

そのため、繁忙期になると建設会社の職人が足らなくなる可能性があり、最悪納期に間に合わないこともあります。

納期に間に合わなくなると、どんな問題が発生するでしょうか？

客付は建設段階から募集し、内覧もない状態から決まっていくので、客付会社と入居者には多大な迷惑をかけてしまいます。

入居者は竣工後に入居してくれるなら、それまでの仮住まい（ホテルや他の物件）の費用や引越し費用を負担しなければなりません。

客が他の物件に移動してしまった場合は、繁忙期後に竣工しても半年～１年空室になってしまうのです。

その場合、金融機関と返済について相談しなければならず、リスケ（返済の延期）になれば金融機関からの信用はガタ落ちになってしまいます。

そうならないためにも、建設会社とは頻繁に意思疎通を行いコントロールしなければならないのです。

建設会社を選んだ責任は施主なので、竣工が遅れた責任は対外的に見れば施主なのです。

それにもかかわらず、金融機関に建設スケジュールが遅れてしまった原因を建設会社のせいにするということは、経営者として無能だと自ら言っているようなものなのです。

経営者失格のレッテルを貼られたくないのであれば、土地購入の段階から余裕のあるスケジュールを計画します。

その上で、建設会社によっては竣工が遅れた場合の補償を工事請負契約書に記載するなどの予防策を講じなければなりません。

デメリット④経験が浅いと図面イメージと実物に乖離がある

どんな業界でも言えることですが、誰かから説明を受けて頭の中でイメージしたことと実物が違うことが多々あるかと思います。

経験が浅ければ浅いほど、都合がよいようにイメージを改変しているのではないでしょうか？　特に、説明を受けて理解できない場合はそのような傾向があるものです。

例えば、２次元の図面を見たところで３次元の実物をイメージするのは容易ではないはずです。

なぜなら、奥行きと幅の記載があっても高さに関する情報が欠如しているので、イメージで補完しなければならないからです。

ただ単に高さをイメージするのではなく、床から天井までの空間をイメージしなければ、その空間が広いと感じるか狭いと感じるかわからないのです。

そのため、広めに設計したつもりでもできあがると狭く感じることもあれば、工夫次第で広く感じさせることもできるのです。

建設中にこんなはずではなかったと思う可能性もあるので、設計段階で熟慮する必要があります。

デメリット⑤建物表題登記費用がかかる

物件を購入すると土地建物を登記する費用がかかります。

この点については新築も同じですが、本登記前に表題登記を行わなければなりません。

表題登記というのは、登記簿謄本の表題部に記載される建物の仕様を登記することです。

〔図表１　謄本表題部〕

表　題　部　（主である建物の表示）		調製	余白	不動産番号	
所在図番号	余白				
所　在				余白	
家屋番号				余白	
①　種　類	②　構　造	③　床　面　積　㎡		原因及びその日付〔登記の日付〕	
居宅		1階 2階		平成　年　月　日新築 〔平成　年　月　日〕	
所　有　者					

表題登記を行わなければ本登記（抵当権設定含む）を行うことができないので、土地家屋調査士に依頼して表題登記を行う必要があり、司法書士（本登記費用）に支払う報酬とは別に土地家屋調査士に支払う報酬がかかります。

デメリット⑥つなぎ融資の金利がかかる

新築アパートを建設する際の支払いは、土地決済と建設会社に３回の計４回発生します。

それぞれの支払いタイミングで金融機関につなぎ資金を融資してもらい、物件完成時に証書貸付に切り替わる手順です。

つなぎ融資には、支払いタイミングごとに利息を前払いする「手形貸付」と、利息を毎月支払う「証書貸付」の２種類あり、どちらにしても利息の支払いが発生します。

新築アパートの家賃が入る前に利息の支払いが発生するため、中古アパートと比べると見えない費用が発生します。

デメリット⑦固定資産税が高額

当たり前の話なのですが、新築アパートは新築故に建物評価額が100％の状態のため、固定資産税が高くなります。

偶然なのですが、私が所有している築23年の築古アパート（2DK×14戸）と新築１棟目（1R×３戸 1LDK×３戸）の固定資産税がほぼ同額なのです。

それにもかかわらず、満室時の家賃総額を比べると築古アパートは新築１棟目の約 2.4 倍も稼いでくれるので皮肉としか言いようがありません。

デメリット⑧最初は全空室

これも当たり前の話なのですが、新築アパートは全空室からスタートです。

全空室からのスタートは誰しも不安になるので早く埋めて安心したいのはわかりますが、管理会社と相談して家賃を決めているなら管理会社を信用して埋まるのを待てばよいのです。

管理会社と相談したなら、きっと責任を感じて埋めてくれるはずです。

建設中の段階から募集をかけるので、内覧をせずに入居申込をもらえる場合もありますが、それはあくまでも需要がある地域や、学生のように引越し期限があり内覧に間に合わない場合です。

完成前申込を狙うためには入居者には何かしらのメリットを感じさせる必要があります。

例えば、家賃を築浅並に抑えたり敷金礼金等の入居条件ハードルを下げたりです。

ただし、家賃を抑えるのは何かしらの「特別な事情」がない限りやってはいけないことです。

なぜなら、過当競争を行うと価格破壊となり巡り巡って自分の首を絞めること繋がるからです。

学生向けのようにターゲットが限定化されないのであれば、適正家賃で募集して利回りを下げることのない範囲で工夫しなければなりません。

仮に家賃を相場より安い状態で売却した場合、物件価格が安くなってしまうので、キャピタルゲインを狙うことが難しくなります。

3　新築は自分好みの色に染め上げる！

中古アパートは既に呪われている！

中古アパートを取得したときのことをよく思い出して欲しいのですが、取得して実際に部屋に入ると、残念に思うことがありませんか？

照明器具が昭和風のプルスイッチ式照明、建具が染みで黄ばんでボロボロの状態、水周りの設備が錆びているのを見ると、前所有者はキチンと修繕してなかったのではないかと思ってしまいます。

中古アパートは言わば、前所有者の色に染まっている物件です。

前所有者が地主系の老人だった場合、現代ニーズにマッチした仕様に修繕しているとは思えません。

建設当時にできあがってしまった固定概念が未来永劫正しいと思い込み、改善されることがないのです。

また、前所有者の修繕というのは一種の呪いのようなもので、購入してから時間が経たなければ露見しないもの、例えば施工不備を隠蔽していたなんてこともあります。

私の経験上、本来は共用部の電源に接続しなければならない設備を居室に繋げて入居者から盗電していたなんてこともありました。

これは私の家内から聞いた話なのですが、大学エリアに住んでいる親戚宅近くに老人が学生向けの新築アパートを建てたそうです。

間取りや仕様を聞いてみると、昔ながらの1Kの間取りで洗濯機置き場が共用部通路にあるのです。

今時そんな物件を建てるなんてと思いましたが、案の定、入居付がまったくできずに繁忙期を逃していました。

このように、地主系老人大家から物件を購入すると、現代ニーズに合うように手を加える必要があるので、本当に手間がかかります。

新築アパートは完全自分仕様！

新築アパートのよい点を一言で言うと、「最初から自分色に染まった」物件だと言うことです。

逆に言うと、賃貸住宅として競争力の高い自分仕様に染め上げなければならないのです。

建設会社は、建築のプロであって賃貸住宅のプロではないので、賃貸住宅のニーズに詳しいわけではありません。

賃貸住宅として抑えなければならないポイントは、施主が指示しなければならず、建設会社任せにはできません。

不動産賃貸業というのは、そもそも貸し出す住宅が商品です。

その商品が競合と比較されて選んでもらえるだけの競争力を備わっていなければ事業として成り立たなくなるのです。

竣工直後の新築であれば、それだけで差別化されているので客付が容易かもしれませんが、新築プレミアムのメッキがはがれた後は徐々に陳腐化してしまいます。

結局のところ徹底的に差別化を行い、いかに陳腐化を防ぐしかありません。

立地を除けば大家力を発揮して設計するしかないので、経験値を積み重ねて何がよくて何が不満点なのかを明確にして設計時に「こうしたい！」という思いをぶつけるのが一番よいのです。

これを他人任せにしようと思うのであれば、最低な新築アパートができあがるので、新築アパートに参入せずに中古物件に投資したほうがよいかと思います。

自分で考えなければならないことを丸投げするのは経営を丸投げするようなものです。

思いが込められていない商品を顧客に受け取ってもらえるのか、よく考えてください。

4　新築アパートの最悪のシナリオ

建設会社の倒産

新築アパートのトラブルは中古アパートと比較して考えられないようなことも起きたりします。

私の地元の仲間が被害に遭ったのですが、融資で土地を購入後、建設会社と工事請負契約を締結して着手金を支払った後に倒産したのです。

何故倒産したかはわかりませんが、建物が建たないのになくなった着手金と土地代のローン支払いが発生するのです。

建設会社の倒産は予見することはできるのかについては、内部要因と外部要因にわけて考える必要があります。

倒産の内部要因

内部要因は建設会社の財務内容を確認することが必要です。つまり建設会社の決算書を手に入れて判断するのです。

決算書を見て資金力（内部留保等）がしっかりしているかどうかを見なければ、自転車操業していたなんてことになりかねません。

では、建設会社の決算書をどうやって入手するかですが、簡単です。建設会社から直接もらいます。融資審査で金融機関から求められたと言えばくれるはずです。

もちろん、審査のプロである金融機関にも判断してもらうために融資依頼時に資料と一緒に提出します。

一般的な企業であれば、取引会社が健全かどうかの「与信管理」をするのが当たり前です（予断ですが、私はサラリーマン時代に東京商工リサーチや帝国データバンクから情報を購入して与信判断するための資料作成をしたことがあります)。

付き合う建設会社が健全かどうかの判断も自己責任になるので、キチンと調査が必要なのです。

倒産の外部要因（建設コストの上昇）

近年、東京オリンピック特需や消費税増税によるマイホーム建築ラッシュにより、建設業界全体で職人が足りない状態となり、人工代（人件費）が高騰しています。

また、建設ラッシュが起きると建材を確保するために業者間で取り合いになり、必然的に建材も高騰します。

建設会社側からすると、計画段階では十分な利益を確保できたとしても竣工時に赤字になることもありえるのです。

倒産の外部要因（不良投資家）

新築・中古を問わず融資を金融機関に依頼すると、頭金を要求されることが多々あります。

実は、この頭金を捻出するために犯罪行為を行う不良投資家がいるのです。

「二重契約（ふかし)」という手口です。

これは、建設会社と結託して本来締結した工事価格よりも高額の偽工事請負契約書を作成、または単独で偽造した工事請負契約書を作成して金融機関にエビデンスとして提出します。

この偽契約書を利用して本来よりも多額の融資をひいて、最終的に増額分を建設会社から値引き名目で受け取るのです。

「二重契約」という手口は金融機関に対する詐欺行為であり、その過程でつくった偽契約書は私文書偽造に該当するので、刑法上の犯罪行為に当たります。

もし、この犯罪行為が金融機関に発覚した場合、どうなるでしょうか？

よくて金利の引き上げ、最悪は建設中・竣工後にかかわらず全額一括返済です。

金融機関にバレることなんてあるのか？　と思われるかもしれませんが、職員も馬鹿ではないので建設単価が安い高いぐらいはわかります。

仮に、偽契約書を持ち込んだ投資家の後に、同一の金融機関に同一の建設会社の真っ当な契約書を別の投資家が持ち込んだとしたらどうでしょうか？

自己責任の世界で犯罪行為をするのですから、不良投資家の末路は知ったことではないのですが、もし一括返済になると困るのは建設会社です。

何故なら建設代金が入ってこなくなれば資金繰りが悪化し、仕入れた建材や人工代の支払いができなくなります。

つまり、不良投資家の犯罪行為によって建設会社も連鎖倒産する可能性があるということです。

建設会社が倒産することで更に困るのが、建設会社の真っ当な顧客です。

犯罪行為をしているわけではないのに、犯罪に手を染めた投資家によってアパートや戸建てが頓挫するのですから、たまったものではありません。

こんな不良投資家と付き合うのは問題外なのですが、不良投資家が利用している建設会社も利用しないことをおすすめします。

どうしても、付き合いたい場合は一体どれだけの資金力があるのか、財務内容は健全で倒産する危険性がないのかはキチンと確認する必要があります。

5　結局なぜ新築アパートに手を出したのか

負荷分散

私が新築アパートに手を出した理由は、年間を通した「負荷分散」が目的です。

新築アパートのメリットである稼動してしまえば手間がかからない点を利用できれば「負荷」を「平準化」できるのではないかと考えたのです。

私は基本的に築古アパート系の投資家ですが、築古アパートは退去が発生すると修繕に手間と費用が重くのしかかり、下手すると繁忙期を逃してしまう可能性もあります。

築古アパートの売主は投資家を除けばほとんどが老人大家です。

そのため、その場しのぎの原状回復しかしないので、設備や内装にお金をかけて現代仕様になっているわけではありません。

つまり、建築当時の仕様がずっと継続されているので、客付が難しいのです。

どこかで現代仕様の部屋に改装しなければ客付ができず、なによりも管理会社の営業は紹介すらしてくれません。よくて当て馬物件になるだけです。

しかし、新築アパートは当たり前ですが、完成当時から現代仕様なので、しばらくは長期間大規模修繕を行う必要がなく、退去が発生しても軽い原状回復のみで済むのです。

軽い原状回復で済むのであれば、管理会社に任せることができるので手間はかかりません。

私が今直面している問題は、築古アパートを増やしすぎたがために、繁忙期にたくさん退去されてしまうと私１人では手が回らなくなってきたことです。

そこで、築古アパートのみで規模を拡大するのは危険と感じ、新築アパートを不動産投資のポートフォリオに追加したのです。

具体的には、収益の基盤は築古アパートであることは今まで通りなのですが、新築アパートを混ぜることによって、手間がかかる割合を増やさずに規模を拡大する戦略にしたのです。

また､手間のような時間的な「負荷」だけでなく金銭面の「負荷」も分散されます。

例えば、築古アパートの修繕は原状回復工事だけでなく、付加価値を上げるために様々な設備交換や間取り変更（和室の洋室化）を行うので、１部屋あたり数十万単位で費用がかかります。

そのため、下手すると運転資金が枯渇する可能性がありますが、新築の安定したキャッシュフローから一時的に補填して、築古アパートの客付が完了した後に新築に返却することも可能です。

ただし、手間がかからないと言っても、それは稼動して運用面が安定してからの話です。稼動前、つまり土地を見つけて建物の設計や詳細仕様を決める際は相当な手間がかかります。

俗に言う「産みの苦しみ」ですが、手を抜くわけにはいかない工程なので仕方ありません。

もちろん、建設会社に丸投げすれば手間はかかりませんが、こだわりのない最低な物件ができあがるので、丸投げなんて絶対にできません。

建築段階にかかる手間は閑散期に集中させることで、１年を通して不動産賃貸業にかかる時間を「平準化」ができます。

負荷分散をしなければ特に繁忙期のトラブル対応に打ち込むことができないので、リスク分散するには「負荷分散」するしかないと考えています。

空室リスク分散

築古物件で空室が発生すると次の入居者が見つかるまでの期間が長くなる傾向があります。

私の築古物件での最長は８か月程度なのですが、この期間は機会損失でしかないので、稼働率を上げるためにいかに空室期間を短縮するかを考えなければなりません。

しかし、新築物件の場合はこの悩みからは開放されます。

私の新築物件で運悪く１年以内での退去が３件ありましたが、どの物件も１か月以内に次の入居者が決まっているのです。

しかも、修繕はほぼなくルームクリーニング程度で済んでいるので手間もかかっていません。

この成果は想定外で正直驚いているのですが、しばらく手放しで運営できるのであれば、リスク軽減に貢献しているのではないでしょうか。

中古物件の利回りが低くなった

ここ数年は金融機関の融資姿勢によって中古物件が高騰し、必然的に利回りが低下した時期に突入していました。

その結果、新築物件の利回りとの差が１～２％程度しかなかったこともありました。

この融資情勢の中、築古物件の微妙な利回りと修繕等のリスクを天秤にかけた結果、新築物件を建ててしまった方が享受できるメリットが大きいと判断したのです。

不動産投資を成功させる鍵はやはり、物件をいかに安く買うかに尽きます。中古物件を安く買えないのであれば、自分でコストパフォーマンスのよい物件をつくり上げてしまえば、新築でも利回りの高い理想の物件を手に入れることができます。

第2章

どうやって高利回りの
新築アパートを建てるのか

1　建売を買うのか　土地から買うのか

建売物件に旨味はない！

売り物件の中で新築アパート（築1年未満）はよくあるのですが、このような物件を購入して旨味はあるのでしょうか？

答えは、まったくありません！　なぜなら、販売しているのは建設業者で、業者の利益が乗っているからです。

また、土地と建物がセットになった状態で物件を買うということは、土地だけでなく建物分の仲介手数料を支払うということです。

そんな美味しい部分を抜かれてしまった高コスト物件を買うくらいなら、土地から仕込んだほうがよっぽど利回りが出ます。

土地から仕込むのは、大変じゃないかと思われるかもしれませんが、土地は投資物件と比べて、取り合いになることは少ないのです。

土地を見つけたら、仲介会社と購入するための交渉を行います。

同時進行で建設会社に要望したプランの図面と見積もりを作成してもらいます。

管理会社の店員と家賃設定を相談して、経営できるかシミュレーションして机上に乗れば金融機関に融資のお願いをするだけです。

つまり、土地を探して建物設計、運営面を考える労力を引き換えに高利回り物件を自ら企画するのです。

ちなみに、過去に地元の投資家が集まった際に、新築のアパートで利回り8.5％の物件ばかり所有しているサラリーマン大家が所有物件の自慢話をしていました。

話を聞くと、土地から仕込めば利回り10％ぐらいになる物件を8.5％で買っていることを自慢し、低利回りであることを指摘してもサラリーマンで時間がないから手数料を支払うのは仕方ないことだと言っているのです。

仮に業者が5000万円（利回り：10%）で建てた物件を5880万円（利回り:8.5%）で購入してさらに180万円の仲介手数料を払っている計算になります。

どうでしょうか？　1000万円以上の利益や手数料を支払うことを是とするためにサラリーマンを理由にしてよいわけがないのです。

少しでも利回りを高くしようと思うのであれば、土地から仕込んで、自分で企画しなければなりません。

土地から仕込んでキャピタルゲインを狙う！

新築アパートで一番美味しいのは、路線価や周辺相場より安い土地を見つけることができれば、それが含み益となることです。

ただし、中古物件やランドバンキング（未開拓地投資）と違い、ただ単純に転売すれば儲かるというわけではありません。

なぜなら、安い土地というのは、安くなるだけのデメリットがあるからです。

例えば、不整形地や擁壁地は敬遠されやすい傾向にあります。

それをうまく回避して、安く手に入れた土地に新築アパートを建設することで、高利回り物件になるのです。

高利回り物件をしばらく所有した後、適正価格で売却することで、やっとキャピタルゲインを獲得することができます。

安い土地を仕込んで新築アパートを建設し家賃が高い間はインカムゲインで儲ける。しばらくして、キャピタルゲインが出る間に売却する。

このように、築浅パッケージ商品をつくって売却すればインカムゲインとキャピタルゲインの両方を狙うことができます。

2　どうやって建設会社を探すのか

建設会社を探す前に物件見学せよ！

建設会社を探す方法は、地元で既に新築アパートを建てている先輩大家さんに紹介してもらうのが一番手っ取り早く確実です。

なぜなら、その先輩がどんな新築アパートを建てて、どんな建材を使っているのか、建設坪単価がいくらなのか、どんなところに気を使っているのかなど､実績を見て判断することができるからです。

この実績確認は絶対に怠ってはいけません。

なぜなら、例えば建設坪単価が平均的だったとしても、粗悪な建材を使って利益を確保して、大家の意向を完全に無視した設計をしているなど、その建設会社の思想の善し悪しがあるからです。

建設会社の善し悪しは、CM をやっているなどのブランド力やプロモーション、プレゼンで判断してはいけません。

実績を見て判断すべきなのです。

また、見学することで目を肥やして判断する能力を身に着ける必要があります。

理由は２つあり、１つ目は新築アパートの未使用新品状態を見ると、それだけで感情が高ぶり善し悪しの判断ができなくなるからです。

表面的なことに囚われると、間取りや設備、立地等、具体的に何をどう工夫しているのかなんてわからなくなります。

新品だからと言って、設備や建材はすべてよいものとは限りません。

下手なコストダウンというのは往々にしてあるもので、そんな真似てはいけない反面教師を見抜くことができなくなります。

設備や建材はたとえ新品でもグレードの幅がたくさんあり、ほんの少しコストを上乗せするだけで見違えるほどよくなることがあるのです。

その判断基準は投資家それぞれになりますが、善し悪しを判断するには沢山の新築アパートを見学して比較しながら考えて、自分自身の中に落とし込む必要があります。

２つ目は、築古アパートから始めた場合や、アパートに対する固定概念ができあがっていると、柔軟な発想ができず結局古臭い間取りで設計してしまう場合があるからです。

以前、ある投資家の新築アパートの見学をさせてもらったことがあるのですが、私の判断基準では酷いアパートでした。

一言で言うと、立地や新築であることに対して胡坐（あぐら）をかいでいるような設計だったのです。

具体的に何か工夫している点、差別化していることがあるわけではなく、デザイン性も皆無です。

天井が低く圧迫感があり、建物内通路にサイディングを貼って無駄にコストをかけているのです。

まさに、よい物件を見学することなく建設してしまった典型的な例だったのです。

たくさん物件を見学し比較した中で、できがよいものや工夫を凝らしているなど、総合的によい物件の建設会社を先輩大家さんに紹介してもらえばよいのです。

どんな建設会社を探すのか

アパートの構造が木造・軽鉄・重鉄とある中で、私が木造アパートにこだわる理由は、建設会社を選ぶ選択肢が多い点と、建設単価の優位性にあります。

大手アパートメーカーは論外として、軽鉄・重鉄を建てられる建設会社は木造と比べて限られてしまいます。

木造の建設会社は実需向けの戸建メーカーも含めるとたくさんあるので、自分に合う建設会社を探すのが他の構造と比べて容易です。

また、重鉄やRCは上に伸ばすことができるのがメリットですが、建設単価が高いので立地がよくなければ費用対効果を享受することができません。

田舎のように地価が安い立地であれば、わざわざ上に伸ばす必要がなく広い土地を買えば済む問題です。

では、どんな建設会社を探すのかですが、建築会社にも色々なタイプがあります。

建物をパッケージ化して量産しているタイプや、戸建住宅を建てるような品質やこだわりを盛り込むタイプなどいろいろです。

私のおすすめは、注文住宅のように建物や間取りは希望通りに設計してくれる建設会社をおすすめします。

なぜなら、土地を安く仕入れるために地型の悪い土地を購入すると、地型に合わせた建物を設計する必要があるからです。

もし外構に駐車場にもできないような中途半端なデッドスペースができてしまうと、利回りが悪くなってしまいます。

土地を無駄なく利用するために、相談や融通を聞いてくれる建設会社がよいのですが、これぱっかりは双方共に相性があるので、じっくり話し合って信頼できるかどうか見極める必要があります。

設計会社を個別に探すのか

新築アパートを建てるにあたって設計会社に図面を依頼したほうがよいかと相談を受けたことがあります。

正直に言うと、メリットをあまり感じられません。

何故なら、設計会社に依頼すると設計料が建設価格の１割程度かかるからです。

そもそも設計会社に何を期待して依頼するのでしょうか？

デザイン性でしょうか？

２棟目以降もずっと同じ建物を建てるのでしょうか？

毎度毎度、設計会社に依頼していてはコストがかかり過ぎです。

そもそも、自己満足や自己顕示欲を誇示するために新築アパートを建設するのでしょうか？

利益を求めるために賃貸経営をするはずです。

それにもかかわらず、設計会社に設計を依頼するのは矛盾しているのです。

建物の形状や間取り、内装などすべて自ら企画して建設会社に依頼しなければ、丸投げするのと同じなのです。

建設会社にも一級建築士か二級建築士がいることが多いので、ざっくりと間取り図を描いて正式な図面を依頼すれば形にしてくれます。間取り図を書くのが苦手なら 100 円ショップに売っているグラフ用紙に書けば簡単です。

間取りのサイズ感がわからないのであれば、先輩大家さんに図面を見せてもらえばよいのです。

このやり取りを惜しまずに何度も行って自ら考えることをしなければ、新築アパートの経験値を積むことができず、利回りを追求することができません。

大手アパートメーカーで建設して失敗している投資家

以前、私がセミナーに登壇した際に、とあるサラリーマン投資家に話かけられて所有物件の実績を見せてもらったことがあります。

その投資家はなんと大手アパートメーカーで３棟も新築アパート

を建設していたのです。

しかも、利回りは６％台のものばかりです。

融資条件の詳細はわかりませんが、仮に金利 1.5％とするとイールドギャップが 4.5％しかないことになります。

返済比率を考えると怖くてこれは失敗しているのではないかと思ったくらいです。

そもそも、新築アパートは家賃が年々下がるので、数年後には返済が厳しくなる可能性もあります。

大手の物件なのでおそらくサブリース契約をしているのかもしれませんが、サブリース契約は決して新築時の高価格帯の家賃を保証してくれるわけではありません。

しかも、満室時の家賃の８割程度しか支払われないことを考えると、創意工夫と試行錯誤することを捨ててどこまで丸投げすれば気が済むのかと正直言って思想が相容れないと思いました。

大手アパートメーカーを利用すると、ファイナンスの段取りをしてくれる場合があるので、投資家からすると企画・融資・設計・運営のすべてを委託できてしまいます。

そのため、手間がかからずに投資できるように見えてしまうので容易に参入してしまうのかもしれません。

そもそも大手アパートメーカーの物件は、相続税対策のためのアパートなので費用対効果が悪いのです。

その理屈がわからずブランドだけで建設会社を選ぶと、早い段階で身動きが取れなくなります。

売りたくても残債が多いでしょうから買い手を探すのも難しくなります。

これもまた建設会社に丸投げの典型的な失敗例と言えるでしょう。

3　どうやって土地を探すのか

インターネット情報を毎日チェック！

私が土地を探す手段は、基本的にはポータルサイトが中心です。

〔図表 2 ポータルサイト〕

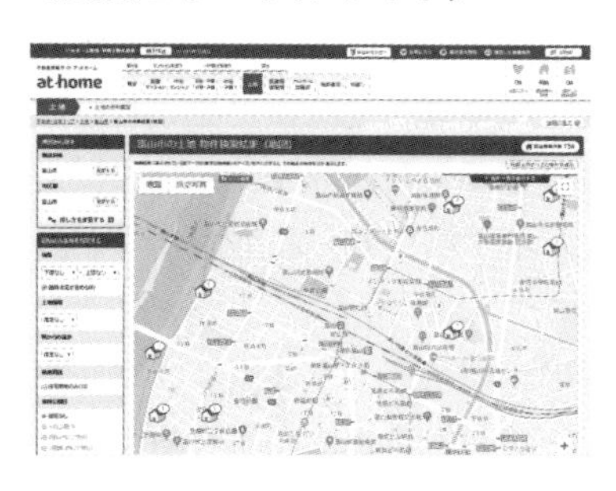

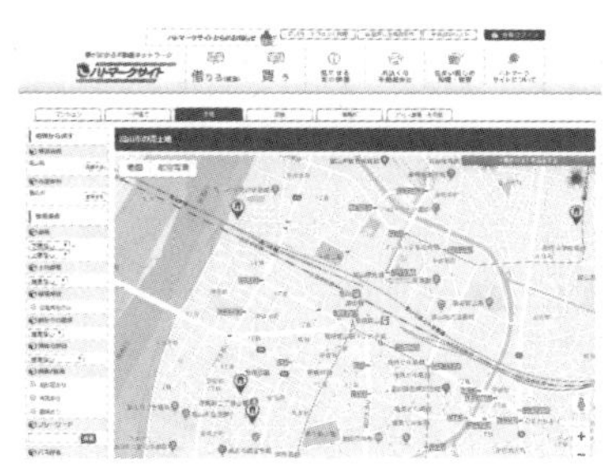

なぜなら、登録数が多くほとんどの不動産屋が登録していると思われます。

また、サイトに掲載されている情報はすべて googleMap 上にプロットされるので、自分が得意とするエリアで探すときに非常に見やすいのです。

特に「at home」は欲しい物件の条件をあらかじめ登録しておくとメールで通知されるので、抜け漏れを防ぐことができておすすめです。

このネットでのチェック作業は、毎日行うことで地域ごとの相場観を身に着けることできます。

散歩調査

外出した際に、ちょっとした空き時間や暇になることはよくあることだと思います。

そんなときに、どこかのカフェでまったり時間を過ごすというのも悪くはないのですが、そんなちょっとした時間でも有効活用するのが散歩調査です。

実際に散歩がてら売り土地を探してもよいですし、幹線道路でない裏道であれば車でノロノロ運転でも構いません。

ちょっと移動するだけで、「売土地」の看板が立っていたりするので、看板に記載されている電話番号に何度かアタックをしたことがあります。金額面で折り合うことは稀ですが、数撃ち当たればよいほうですが、何もせずに通り過ぎるよりは行動したほうがよいと思いませんか？

この調査方法のメリットは、現場の立地条件や生活環境、嫌悪施設による影響が肌感覚でわかるので、建設地選定にも役立ちます。

また、既に所有している物件の近くに売り土地が出ればドミナント戦略を、隣地に出ればスケールメリットをとることができるので、運営面でのメリットがあるはずです。

建設会社からの情報

建設会社と不動産屋というのは密接な取引があったりします。

不動産屋からすると、建設会社に出入りしている投資家や戸建ての顧客を紹介して欲しいでしょうし、建設会社からすると土地を紹介してもらわなければ建物を建てられません。

つまり、お互い持ちつ持たれつの協力関係であり、お互い顧客を紹介し合わなければ商売として成り立たないのです。

ただし、このような情報が自分に流れてくるのは、建設会社との付き合いが長くなった際に、たまたま情報があったタイミングでしかないので、紹介してもらえるのはレアケースだと思ってください。

4　どんな土地を探すのか

立地条件

新築アパートを建てる際は、土地はいくらでも指値してガンガン下げてもよいのです。何故なら土地の値段が下がったとしても土地の質や路線価が落ちることはないからです。

そのため、土地が安いからと言ってわざわざ立地の悪いところに建てる必要はありません。

中古物件を購入する際は、不利な立地の物件でも経営する手法はありますが、新築アパートでそんなことするのは愚の骨頂です。立地的に不利な場所だけは避けなければなりません。

家賃を抑えた戦略を選択することも考えられますが、出口戦略を考えると買主の間口を狭くすることになるのでおすすめできません。

私が土地を購入する際の立地条件は、幹線道路から脇道に入ってすぐの立地を条件としています。

田舎は車社会なので、車での交通の便が重要視されます。

幹線道路にすぐアクセスできると車での移動が楽ですし、生活するための商店が多いことになります。

商店が多いということは、入居者が生活しやすいだけでなく商店に勤める店員も客付のターゲットとなるのです。

ただし、いくら国道のような幹線道路であったとしても、地域によっては田んぼばかりの場所というのはあるので、そんなところに建ててはいけません。

幹線道路というのは面白いもので、同じ道だとしても、栄えている地域もあれば田んぼばかりのエリアがあるので、自分なりに幹線道路で区切ってエリアを決めておくとよいでしょう。

整形地

整形地というのは、前面道路に幅広く接道した綺麗な四角形の土地をいいます。

〔図表３　整形地〕

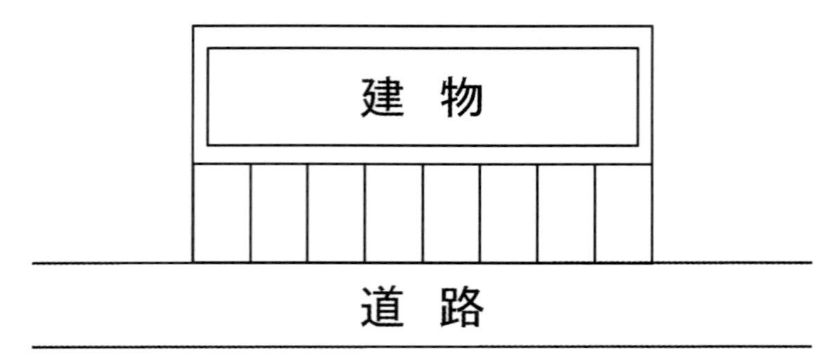

このような綺麗な土地というのは、土地を無駄なく利用でき、車の出入りが楽なので人気があります。

しかし、人気があるが故に坪単価が高くなるので、整形地で採算が合う確率が低いと考えてください。

アパート用地になるような広い整形地は、不動産屋が分譲して高値で売ることもあり、実需・投資家・業者が狙っていることになります。

そのため、取り合いになることもあり、坪単価が高くなる傾向があります。

よく考えて欲しいのですが、綺麗な整形地だからと言って家賃を高く設定できるわけではないので、新築アパートを建てて採算が合うとは限りません。

どうしても、整形地にこだわるのでしたら、古家付の土地を安く購入して解体したほうが安く済ませられる場合もあります。

不整形地

不整形地は整形地と違い、歪な形をした土地をいいます(図表４)。

歪な形であればあるほど価格が安くなる傾向にあります。

〔図表４　不整形地〕

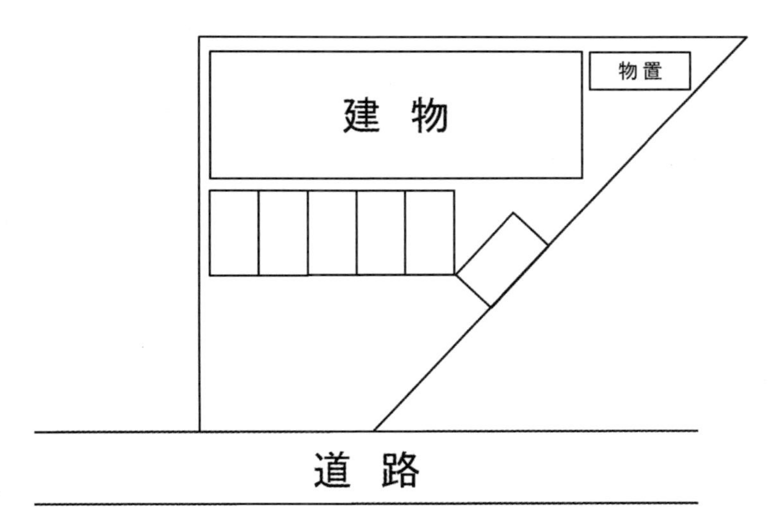

建物の配置が難しく不整形地はデッドスペースができるので敬遠されがちですが、アパートの場合はデッドスペースを駐車場や物置スペースとして活用すれば問題ありません。

私は不整形地のプランニングが新築不動産投資の醍醐味だと思っています。

なぜなら、デッドスペースを少なくして最大限土地を活用することで利回りの最大化を図ることができるからです。

建設会社にプランニングを任せると、施工しやすいプランしかつくらないので、この作業も建設会社任せというわけにはいきません。

プランニングは投資家としての腕の見せ所だと思ってください。

旗竿地

〔図表５　旗竿地〕

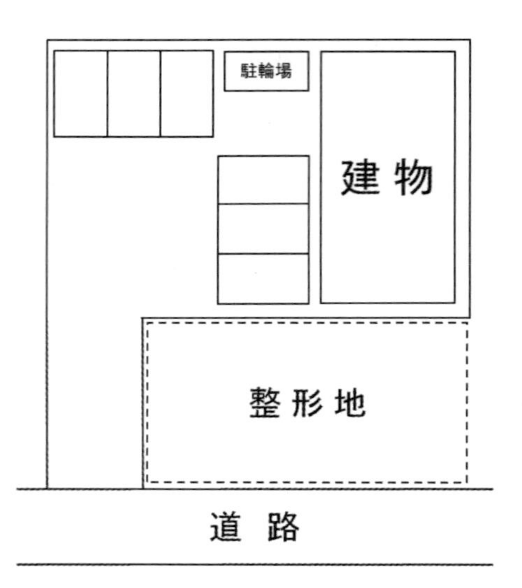

旗竿地とは接道間口が狭く、通路状（竿）の敷地を通った先に建物の敷地（旗地）がある土地です（図表５）。

旗竿地には４つのデメリットがあります。

１つ目は建物に囲まれやすく採光がとり辛いため、実需からは敬遠されがちです。

２つ目は、敷地内で車が旋回できるスペースを確保しなければならないので、デッドスペースが広く発生してしまいます。

３つ目は、建物が道路から遠いので、上下水道や電気等のインフラ整備に費用がかかってしまいます。特に通路が長ければそれだけ自前で整備しなければならないので、土地が相当安くなければ採算が合わない可能性があります。

４つ目は、間口が狭いため車の出入りが大変になる場合があります。接道間口は最低でも４ｍ程度ないと道路に出た際に旋回できません。

これらのデメリットにより、旗竿地は相当安くなることが多いのですが、車の出入りや建設に支障がない範囲であれば、有効活用できる格安地となるのでおすすめです。

うなぎの寝床

極端に奥行が長い土地（図表６）も坪単価が安いことがあります。

田舎では田んぼを宅地造成することがよくあるのですが、極端に長い田んぼを造成してもなかなか活用できないのです。

〔図表６　うなぎの寝床〕

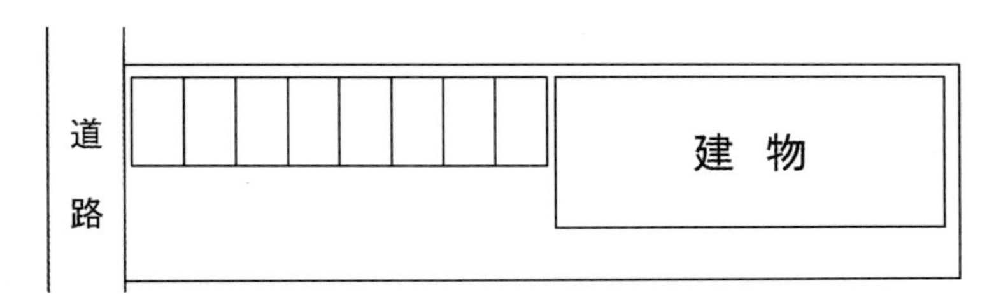

不動産屋が宅地造成する場合は、戸建サイズの区画に分譲して売るのですが、極端に長いと奥まで道路を造成したとしても戸建が建てられないような細長い土地となり、開発することができません。

そのため、土地が広いこともあり商業用か賃貸住宅用に利用するしかない土地となるのですが、住宅街の中で商業はできません。

また、実需向けにそのまま売るには広すぎるため、売ることが出来ず、必然的に坪単価が安くなります。

結果的にアパート建設するしか有効活用できない土地となってしまうのです。

この地型のデメリットは、旗竿地同様にインフラ整備に費用がかかってしまう点と、自動車旋回スペースが必要なのでデッドスペースが発生してしまいます。

そのため、図表６の例では駐車場前のデッドスペースが全体の1/4程度発生してしまうため、これを差し引いても採算に合うくらいの安さが必要となります。

擁壁地

擁壁とは､隣接地との間に高低差があり､土留めとしてコンクリートや石などでできた壁のことを言います。

〔図表７　擁壁地〕

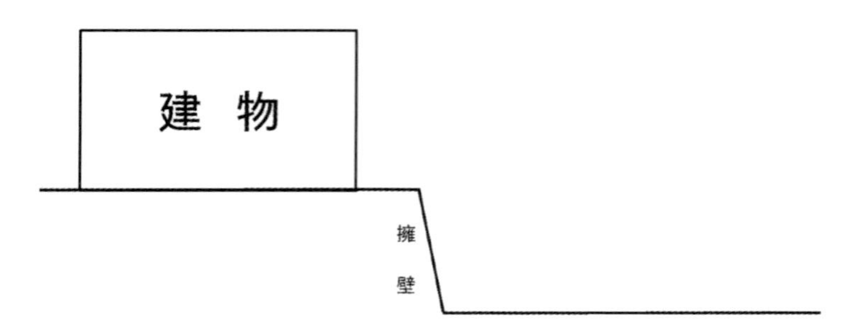

坂道や山に近い土地でよくあるのですが、この擁壁地も安くなることがあります。

特に、擁壁の状態が酷い場合は建設前に擁壁工事が必要となり、敬遠されがちなので土地が安くなるのです。

極端に安い擁壁地を見つけた際は建設会社と一緒に下見をして、擁壁工事の見積もりを含めて採算に合うかどうかを考える必要があります。

擁壁地のメリットは、隣接地より高い位置にあるため、採光が取りやすいメリットがありますが、同様に隣が擁壁地の場合は採光が取りにくいデメリットもあります。

採光が取りにくい場合は、隣接地から少し離れて建物を建設する必要があるので、それだけデッドスペースが発生することとなります。

また、擁壁周辺には転落防止のため防護柵が必要になり、外構工事にコストがかかります。

心理的瑕疵に該当しない瑕疵

心理的瑕疵とは建物で自殺・殺人・事故・事件・火災等、心理的に嫌悪が発生する場合、賃貸や売買で告知事項に該当します。

しかし、自然死以外で人が亡くなっている場合は別ですが、瑕疵が発生した建物が残っておらず取り壊されているのであれば、心理的瑕疵には該当しないことがあります。

ただ、田舎の住宅街で心理的瑕疵に該当しない瑕疵が発生した土地は、横の繋がり（近所付き合い、噂等）が嫌で実需（特に女性）から敬遠されることがよくあります。

たとえ､心理的瑕疵に該当せず告知義務のない自然死（病死含む）があったとしても、人が亡くなった事実があれば心理的瑕疵のような扱いになってしまうのです。

また、心理的瑕疵に該当しなくても売買時のトラブルを回避するために、告知義務がないにもかかわらず仲介業者が告知する傾向があるので、どうしても売れなくなってしまうのです。

そのため、売れ残ることが多く価格が安くなりアパート用地に適した土地となります。

実際にそのような土地に新築アパートを建設したとしても、瑕疵が発生した建物が残っていない以上、入居時の告知事項には該当しないので客付には影響ありません。

気をつけて欲しいのは、実際に心理的瑕疵に該当する土地に新築アパートを建てる場合です。

これは最終的には投資家個々の判断になりますが、管理会社に一度相談することをおすすめします。

管理会社の方針で、自殺・他殺があった建物を取り壊して新築アパートを建てたとしても告知する可能性があり、客付に影響があるので私は諦めています。

嫌悪施設付近

嫌悪施設とは、住宅地として相応しくない施設のことです。例えば工場（騒音・振動・粉塵・臭気）、パチンコ店（品位）、暴力団事務所（治安）、墓場（景観）などです。

生活する上で直接的に問題になるような嫌悪施設がある場合は敬遠しなければなりません。

例えば､テナント物件に接する土地に新築アパートを建てる場合、設置されている設備（業務用エアコンの室外機等）が騒音トラブルになる場合があります。

さらに、飲食店（焼肉屋等）が入居している場合は臭気の問題が発生します。

しかし、直接的に影響がない場合は問題ありません。

例えば、墓場や鉄塔などのように景観だけの問題であれば、室内から見えないように建物の窓の配置や外構に目隠し用のフェンスを設置するなどの工夫をすればよいのです。

また、学校や保育園は日中の騒音が気になるかもしれませんが、単身物件であれば平日昼間は不在であることを考えれば問題になることはありません。

また、子供がいるファミリーをターゲットとした場合、卒業・卒園までは引っ越す可能性が低下することを考えると嫌悪施設などではなく、むしろ集客してくれるありがたい施設といえるのではないでしょうか。

私が幹線道路から脇道に入ってすぐの立地を選ぶ理由は、まさにこの嫌悪施設を回避するのが目的でもあります。

田舎の場合、幹線道路から脇道に入ってしまえば住宅街のことが多く、住居系用途地域の特徴である「住居としての環境」が守られているので、新築アパートの立地として最適だといえます。

5　どうやって差別化を行うのか

ある大手アパートメーカーのWebページを見ると、あるキャッチコピーがありました。

「賃貸住宅はブランドで選ぶ時代です」

大手アパートメーカーはブランド戦略をとっていますが、調べてみるとそれに相応しいサービスを展開しています。

具体例を挙げると、家電レンタルサービス、ブックレンタルサービス、VOD（ビデオ・オン・デマンド）サービス、定期清掃サービス、家事代行サービスなど色々あります。

大手アパートメーカーに追随してこれらのサービスを投資家レベルで導入できるかと言えば、できることもあればできないこともあり様々です。

ただ言えることは、手をこまねいて何もしないという選択肢はないということです。

賃貸住宅は、住む部屋を提供するだけの時代が終わり、プラスアルファが求められるようになってきたのです。

例えば、無料インターネットサービスは10年ぐらい前の賃貸住宅にはなかったですが、現在では当たり前のサービスでありこれがないと入居付が難しい時代に突入しています。

既存物件に無料インターネットの設備を導入する場合は高額の費用が掛かります。

しかし、新築アパートに最初から導入することを企画して前もって準備しておけば、安価に自分で導入することも可能なのです。

サービスの導入というのは難しいように感じられますが、これはアイデア次第でなんとかなることもあるはずです。

つまるところ、新築アパートに求められるのは「企画力」なのではないでしょうか？

間取りや内装で差別化するのは、もはや当たり前の時代となりました。なぜなら、時間が経つにつれて真似されて量産されてしまうからです。

当たり前の要因となった以上、さらにプラスアルファが求められるということです。

プラスアルファの企画

そのプラスアルファをどうやって企画するかは投資家次第なのですが、いきなり漠然と企画しろと言われても困るのは当然です。

とっかかりとして、自身の職業や趣味・特技などの強みを活かすのはどうでしょうか？

私の場合は、今でもそうですが子供の頃からコンピュータが趣味でよくいじっていました。

その経緯もあり、SE として６年間働いていましたが、その後は、建設業の事務職、ビル管理業をしていました。

これらの経験を活かして不動産投資を始めて、今では IoT を導入した新築アパートを企画したのです。

これはあくまで、私がこうだったというだけで、いろんな差別化を行う要素はたくさんあるはずです。

ただ、主観的に考えると当たり前だけど客観的に考えると特別なことというのは往々にしてあります。

私の IoT 物件でもそうでしたが、導入作業は簡単でも他者から見るとすごい物件に見えるそうです。

自分では普通だけど他人にとって普通ではないメリットは何かを自問自答してみると、それが糸口となるのではないでしょうか？

コラム　不動産投資家の「闇」

近年、不動産投資業界で不正な手法で投資しているプレイヤーが問題視されています。

・エビデンスの改ざん
・多法人スキームを利用して負債額を意図的に隠蔽
・二重売買契約
・見積書をふかした工事請負契約書
・賃貸物件を住宅と偽って住宅ローンを利用

これだけの問題が発覚すれば金融機関も対策するのは当たり前で、金融機関は多法人スキーム対策として法人の代表者の名寄せをしているという話を聞いたことがあります。

そして、ついに不正を行った投資家に対して金融機関が一括返済を求めるようになってきました。

どの手法も金融機関を欺いているわけですから、はっきり言って詐欺です。裏ワザでも何でもなく、刑法に定められた犯罪行為です。

今の投資家は金融機関を欺いてまで投資したいものなのでしょうか？　貸し剥がしに遭うことがわかっているのでしょうか？

不動産投資は人生を狂わせることができる額を借りて投資しているので、貸し剥がしに遭えば人生アウトです。

何も、多法人スキームが悪いと言っているわけではありません。節税手段として使う分には何も悪いことではありません。

多法人だからといって法人の負債を意図的に隠蔽してはいけないのです。

投資するための資金がなければ、本業で貯めるか投資からの上がりを再投資するのが筋のはずです。

資金がなければ金融機関を騙していいという道理はありません！

私は、不正をする人間によって真っ当な人が不利益を被るのが一番悔しいと思っています。

私はよく「正義感」があると言われるのですが、あくまでも前提は利己的・合理的な思考をしています。

故に、「信用」を得るためにはどうすればよいのか？　をよく考えます。

答えは簡単です、「真面目にやって実績をつくる」だけです。

特に不動産投資の業界では金融機関から信用されなければ融資してもらえないわけです。

信用してもらえないなら、信用してもらえるだけの実績をつくるのが筋です。

実績をつくれないからと言ってエビデンスを改ざんするのは詐欺です。

何も、エビデンスの改ざんだけではありません、嘘を言ったり、ハッタリをいったりする行為も含みます。

そんな不正をする人間を信用できますか？

少なくとも私は信用できません。

私は今、「不義理」ができない環境にいます。

なぜなら、私がいるステージは決して私１人の力で到達したわけではなく、先輩方の応援があったからここまで来られたのです。

だから、今度は私が後輩のお手本になり、応援しなければならないのですが、仮に不正を行い人の期待を裏切る行為をしたらどうでしょうか？

私１人の「信用」を失うだけならまだしも、人に迷惑をかけて金融機関の引き締めになれば、後輩の足を引っ張る行為になります。

自分が先輩の立場として後輩を正しく指導しなければならないのに、後輩の足を引っ張るなんて恥ずかしいと思いませんか？

私は自分を応援してくれた先輩のために、そして後輩の手本となるべく絶対に不正行為はできないと思っています。

第３章

ステップアップした
３つの新築物件
（リアルに学ぶ！）

１　リアル・新築１棟目の投資の経験

〔図表８　新築１棟目外観〕

〔図表９　物件スペック〕

間取り	1R 1LDK	融資機関	信金
戸数	6 戸	融資金額	3,100 万円
駐車場	6 台	返済期間	30 年
建築額	3,100 万円	金利	1.25%
土地購入額	380 万円	表面利回	10.8%
土地評価額	520 万円	家賃収入	30.6 万円/月
土地面積	349.9 ㎡	CF	17.0 万円/月
建築面積	102.6 ㎡	返済比率	34%
延床面積	199.7 ㎡	購入年月	2017 年 3 月
土地特徴	旗竿地、線路横、狭小間口		

〔図表10　新築1棟目配置図〕

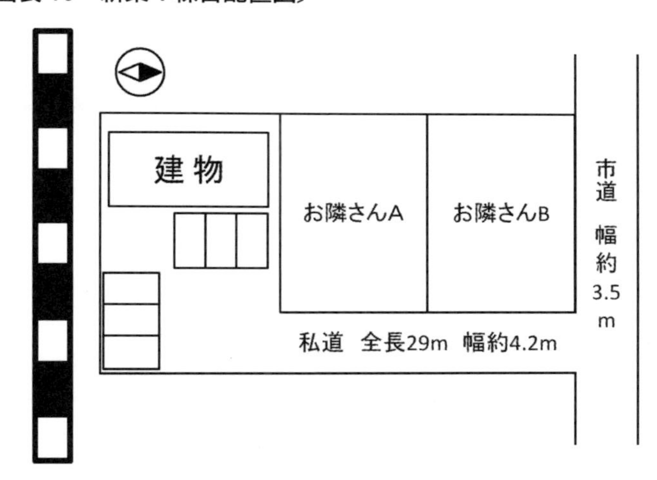

〔図表11　1棟目間取り〕

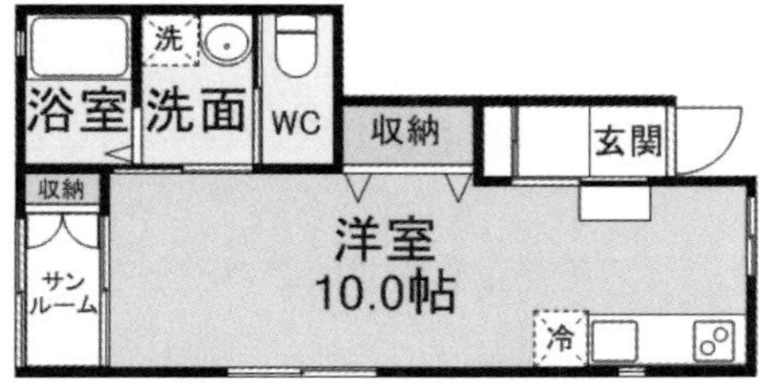

土地経緯

新築１棟目を計画したのは中古物件をまだ３棟しか所有していない頃でした。

当時はまだまだ物件欲しい病によってウズウズしていた時期で、中古物件が軒並み高値で到底よい物件が出てこなかったのです。

そのため、見つからないなら新築を建ててしまえ！　と半分勢いで投資対象の間口を広げて計画したのです。

新築アパート用地を探すと、たまたま自宅から車で５分のところに、周辺相場の半額以下の格安の土地を見つけたのです。

安い理由は地型が旗竿地で、私道はお隣さんＡと所有権 50％ずつの共有で、隣に線路があります。

そのため、実需向けには敬遠されてしまうような土地です。

生活するための商店は徒歩圏内にコンビニやドラックストアがあるので問題ないのですが、悪条件によってずっと売れ残っていたそうです。

売主は高齢の方で亡くなる前に処分したかったようで、売値が 500 万円のところ指値して 380 万円にまで下がり、坪単価 3.6 万円で購入できたのです。

建物経緯

この物件の建設会社は、地元で尊敬する先輩大家さんからの紹介です。

事前に新築アパートを見学させてもらったのですが、品質が戸建住宅仕様で施主の要望に対して柔軟な対応をしてくれるとのことでした。

そのため、この建設会社となら差別化しやすいアパートを建てられると思いお願いしたのです。

さっそく、私の要望を伝えてこの土地の地型に合う建物を設計してもらいましたが、役所に建築確認申請前チェックを依頼したところ、待ったがかかったのです。

何故なら、この土地では県条例によって建てられる建物の延床面積は200㎡以内だと言われてしまったのです。

条例では、特殊建築物（共同住宅）の敷地は道路に4メートル以上接しなければならないのですが、例外として延床面積が200㎡以内であればこの限りではないのです。

今回の土地は、私道の幅は約4.2mありましたが、お隣さんAと半分ずつの所有のため、接道間口も半分の約2.1mしかない扱いだったのです。

建設会社もこのような特殊事例は初めてだったのですが、幸いにも当初設計していた延床面積は200㎡を少し超える程度だったので、微調整程度の修正で済みました。

融資経緯

この計画は2016年2月頃に立てて地元の地銀に持ち込んで融資のお願いをしていました。

年度末になると金融機関の融資条件が緩くなることがあり、それを狙ったのですが、融資を断られてしまったのです。

このやりとりで年度末融資を逃してしまったのですが、諦めることができずに物件近くの信金2つに持ち込んだのです。

信金同士では珍しい話かもしれませんが、競い合わせて有利な条件を引き出そうとしたのです。

もちろん、互いの信金は競合ですので案件を持って行かれたくないのか、好条件で融資してもらえました。

当時は不動産投資を始めたばかりの初期段階なので、返済期間

30年はCFが多く出るのでよかったと思っていましたが、初期段階を脱却した現在では、残債が減らないことに対して問題だと感じています。

そのため、固定金利期間が終了したタイミングで返済年数の短縮を検討しています。

鉄道会社とのトラブル

このアパートの完成スケジュールは2017年２月中旬にして繁忙期に間に合わせる予定でいました。

そのため、建設工事を始まったのが2016年12月で約３か月の工期を計画していました。

ところが、建設工事を始めて基礎工事が終わった頃に線路の鉄道会社から接触がありました。

内容は､建設事故等によって電車の運行に支障が出かねないので、敷地内を含む線路から５m以内で工事をするなという威圧的な警告でした。

もし５m以内で工事するなら専門資格を持った誘導員を配置しろと言ってきましたが、さすがに所有敷地内なのでそれに従う義務はありません。

しかも、年末で建設業界全体が慌ただしくしていたので、専門の誘導員を手配することもできません。

しかし、万が一事故等が発生したことを考えると鉄道会社と折り合いをつける必要はありました。

また、何よりも竣工を遅らせるわけにはいかなかったので、話し合いの結果下記のように話を付けました。

・線路から５m以内の敷地ではクレーン車を侵入させない。
・線路との境界にはロープを張る。

・線路側の上棟は人力で行う。
・線路側の外壁は足場を建てずに内側から貼る。
・線路の電線に保護カバーを取り付ける。

ここまで折り合いをつけるために、約３週間かかってしまったので、工期も遅れてしまい追加費用も発生しました。

この一連のトラブルによって得られた教訓は、何かしらの外的要因が発生してもおかしくないということです。

この教訓によって、次回以降の完成スケジュールは１月上旬とし、工事期間も長く設定して余裕のあるスケジュールを組むようにしています。

家賃設定に難あり

建設中に知ったのですが、物件近くの建設会社がRCの単身賃貸マンションを建てて、同時期に完成することを管理会社から教えてもらいました。

通常、新築RC物件の家賃設定は新築木造物件より高いので、競合はしないのですが、かなり抑えた家賃設定だったので完全に競合してしまう価格となってしまいます。

そのため、工期遅れと線路が横にある悪条件で弱気になっていたこともあり、家賃設定を抑えて募集をかけました。単身向けだったので繁忙期を逃すと客付が難しくなると考えたのです。

その結果、募集１か月で満室になったので、とりあえずは安心したのですが、逆に失敗したかも？　と思えてしまいます。

弱気の家賃設定（利回り10.8％）だったのですが、もうちょっと高くてもよかったなと反省しています。

次回募集時は随時値上げして利回りを11％台になるように調整したいと思っています。

2　リアル・新築２棟目の投資の経験

〔図表 12　新築２棟目外観〕

〔図表 13　物件スペック〕

間取り	1LDK	融資機関	地銀
戸数	6 戸	融資金額	3,500 万円
駐車場	6 台	返済期間	20 年
建築額	3,070 万円	金利	1.5%
土地購入額	420 万円	表面利回	12.0%
土地評価額	938 万円	家賃収入	35.0 万円/月
土地面積	463.2 ㎡	CF	15.5 万円/月
建築面積	102.6 ㎡	返済比率	55%
延床面積	199.7 ㎡	購入年月	2018 年 1 月
土地特徴	不整形地、擁壁地、心理的瑕疵、狭小間口、越境		

〔図表 14　新築２棟目配置図〕

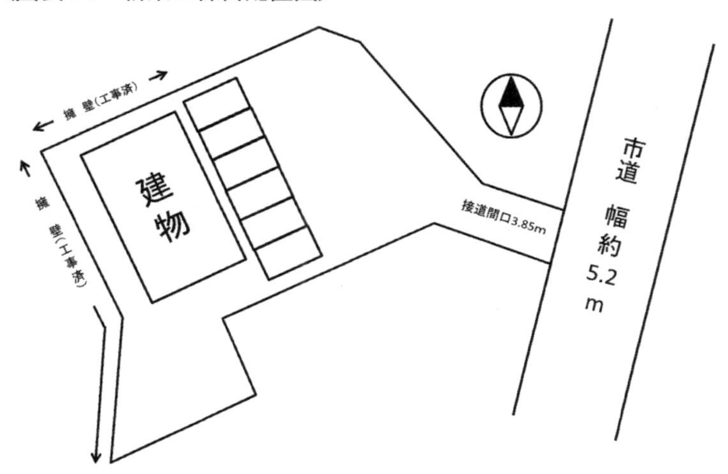

〔図表 15　新築２棟目間取り〕

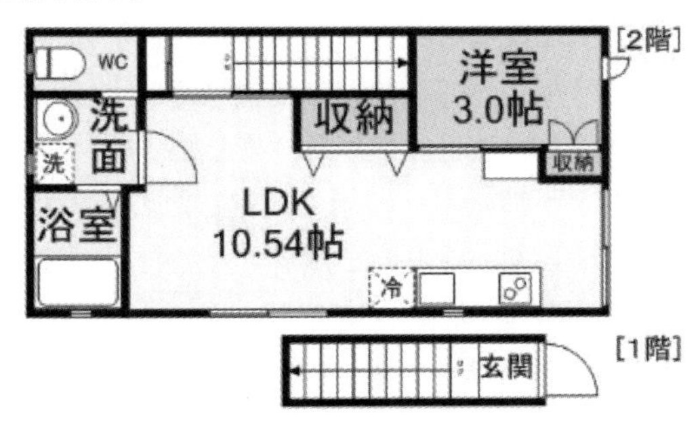

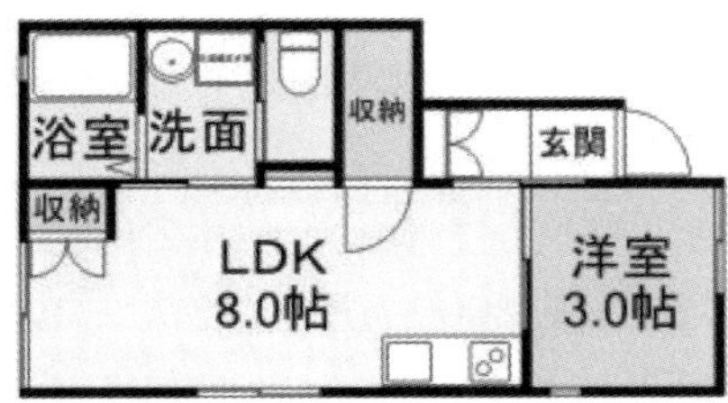

土地経緯

この土地の経緯は新築１棟目と同じくネットで見つけました。

新築１棟目の客付が終わり、落ち着いたタイミングで次の新築アパート用地を探したところ見つけたのです。

立地は申し分なく、旧国道の脇道に入ってすぐの場所なので、私の持っている物件の中でも良い立地です。

当初は480万円で売りに出ていた土地なのですが、地型が不整形地で、道路間口も４mに満たないのです。

そのため、今回も県条例によって間口が４mに満たないので延床面積200平米を超える建物を建てることができません。

さらに、もともと、この土地に戸建てが建っていたのですが、数年前に火事（死人なし）に遭っているのです。そのため、心理的瑕疵にはならないのですが、ずっと売れ残ったそうです。建物は残っているわけではないので、本来は瑕疵ですらありません。

購入前に現場を確認したところ、擁壁の状態が悪く土留めは瓦を積み上げたものでした。この状態では土砂崩れが発生してお隣さんに迷惑をかける可能性がありました。

また、不動産屋との話で発覚したのが、お隣さんの屋根が数cm程度越境しているとのことでした。ただ、アパートを建設し運営する分には影響のない程度です。

諸々の悪条件があるので、この点を理由にさらに指値して420万円（坪単価３万円）になったのです。

これらのデメリットが積みあがったおかげで立地はいいのに激安の土地となりました。

どれくらい安いのかと言うと、路線価では900万円以上あり、周辺の分譲相場が坪単価14.5万円（約2000万円）なので、相当な含み益を見込める土地となります。

建物経緯

この土地は前回同様に条例による延床面積200㎡規制があります。

そのため、前回建てた新築アパートをそのまま持ってくればよいので、前回の反省点を改善した新築アパートになります。

改善点は、1階の間取りを1LDK化したことです。

仲間向けに新築内覧会を開催したときに、1LDKにすることができたのではないかと指摘を受けたので、なんとか設計を考え直したところ、収納とサンルームを犠牲にすることで実現しました。

サンルームを取りやめた理由は、建築中に管理会社と客付について打ち合わせをすると、LDK部分が8畳以上ないと1LDKと謳うことができないと指摘されたのです。

このままでは、新築物件なのに歪な1DKとして募集をかけなければならないので、急遽サンルームをやめざるをえなかったのです。サンルームの代わりに浴室乾燥機を設置してデメリットの解消を行っています。

融資経緯

この物件の返済期間が何故20年と短めに設定しているのかというと、この物件を計画している時点で新築1棟目の返済期間が長すぎたと感じたからです。

前回の返済予定表を見た際に気づいたのですが、残債の減り方が遅いので、年間の返済額に対して減価償却額が過剰となり決算書の悪化要因になりかねないのです。

そのため、幸いにも高利回りであることを利用して、今回は前回の悪条件を少しでも緩和させる意味合いを込めて、返済期間を短く設定しています。

3　リアル・新築３棟目の投資の経験

〔図表 16　新築３棟目外観〕

〔図表 17　物件スペック〕

間取り	1R 1LDK	融資機関	地銀
戸数	12 戸	融資金額	6,500 万円
駐車場	12 台	返済期間	22 年
建築額	5,566 万円	金利	1.5%
土地購入額	1,160 万円	表面利回	11.2%
土地評価額	1,267 万円	家賃収入	70.0 万円/月
土地面積	596.9 ㎡	CF	30.0 万円/月
建築面積	175.1 ㎡	返済比率	47%
延床面積	344.5 ㎡	購入年月	2019 年 1 月
土地特徴	うなぎの寝床、忌避施設（鉄塔・墓場）、地役権		

〔図表18　新築3棟目配置図〕

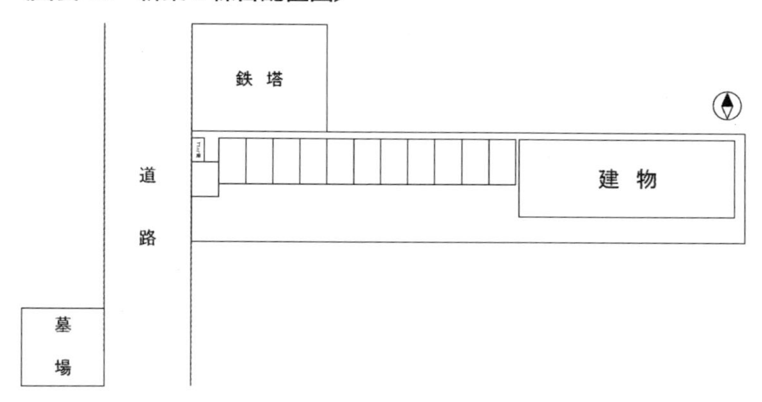

〔図表19　新築3棟目間取り〕

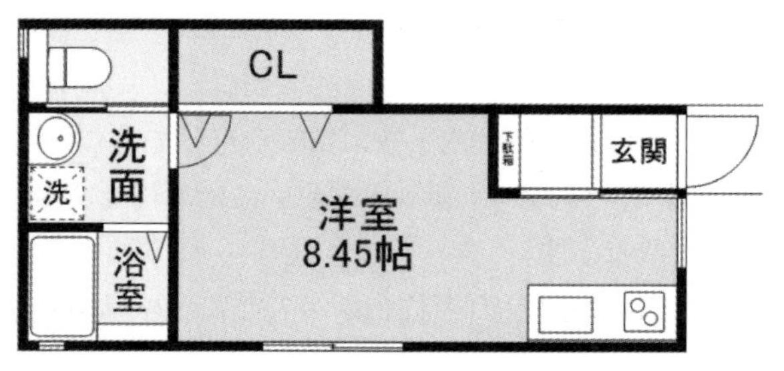

土地経緯

この土地は地元中心地から比較的アクセスしやすい住宅街で、最近開発が活発な地域です。

その地域の中にある幹線道路交差点近くにあり、幹線道路２本からアクセスしやすい立地にあります。

幹線道路から近いこともあり商店が多く、近くに県立中央病院がある関係で開業医が多いのです。そのため、看護師のような病院関係者も見込めます。

また、2019 年 4 月から病院の中に県立大学看護学科が併設され、学生からの需要も見込めます。

しかし、立地はよいのですが、最近開発されているエリアということもあり、アパートの激戦区だったりします。同時期に次々新築アパートが建設され、執筆時現在は先隣りに重量鉄骨賃貸マンションも建設されています。

管理会社と購入前に事前相談した際は、アパートがたくさんあるエリアですが、人の流入も多いので需要も多いということだったので建設を決意しました。

この土地の問題点は、接道間口が 11 m、奥行 54 mとうなぎの寝床なのです。

通常、この広さの土地であれば不動産業者は分譲して売るところですが、分譲できるような地型ではないので、アパートを建てるしかありません。

また、隣に鉄塔がある関係で敷地内上空に電線が走っており、地役権が設定されています。極めつけは斜め向かいには墓場もあり、敬遠されていた土地になります。

結果、周辺分譲相場では坪単価 10 万円台前半のところ坪単価 6.4 万円で購入です。

建物経緯

間取りを考える上で悩んだのが、部屋面積を広くして10戸にするか、狭くして12戸にするかです。

もちろん、部屋数を多くしたほうが利回りは高くなりますが、例え10戸にしたとしても利回りは10%程度、12戸で10.8%です。

よく考えた結果、部屋を狭くして家賃を抑えたほうがよいと判断したのです。

なぜなら、この地域の物件は広めの単身部屋が多く家賃設定も高いので、競合が多ければ戦い辛くなると思ったからです。

また、設計時に色々アイデアを出すと、1階8.5畳1Rと2階8畳＋3畳の1LDKをギリギリ詰め込むことに成功したので、それなら部屋数が多いほうがよいと結論に至ったのです。

しかし、いざ建設が始まるとその判断が失敗だったと感じてしまうのです。

建設が進むにつれて壁ができると、空間の広さを体感できるようになります。

すると、1階の1Rが狭すぎると実感してしまったのです。この時点でやっと「しまった！」と思ってしまいます。

そもそも、居室の広さは8.5畳ありますが、この広さはキッチンのスペースも含めてです。

キッチンが2畳とした場合、1Kに換算すると実際には6.5畳の居室スペースしかないことになります。

この広さは中心駅から徒歩圏内の超一等地であれば成り立つのですが、中心地から離れた住宅街なのである程度の広さは必要になります。

それにも関わらず、利回りに目がくらんで戸数を優先させてしまったのですから、自業自得としか言えません。

コンセプト経緯

建設中に部屋を広く見せるためにどうしようか考えた際に、実際に入居者はどのように家具家電を配置するかを考えました。

部屋を広く見せるための提案ができれば、何とかなるのではと考えたのです。

そこで考えたのが、テレビの壁掛けと備え付けのテレビ台です。

大きな家具家電はおそらく、ベッド、冷蔵庫、洗濯機、テレビですが、冷蔵庫と洗濯機は初めから設置場所を想定した間取りです。

冷蔵庫や洗濯機のレンタルや備え付けの物件はよくある話なのですが、女性をターゲットにしている物件で中古の家電を設置するのは敬遠されてしまいますし、そもそも省スペース化する手段を当時思いつくことができませんでした。

ベッドは使い慣れたものを持ってくることを考えると、改善できる点はテレビしかないのですが、テレビの改善提案は簡単です。

テレビの問題点は、テレビを台に置くと空間を消費してしまい圧迫感を感じさせてしまう点です。

そこで、テレビを壁掛けできたとしたらどうでしょうか？

テレビの奥行＝テレビの厚みとなり、テレビが部屋と一体化することで広く見せることができます。

ここで思ったのが、ただ単にテレビを備え付けたとしても誰でも思いつくことであり、面白みに欠けるなと思ったのです。

誰もが実現できるわけではなく、オンリーワンで部屋を圧迫せずに客層の間口を限定化しないコンセプトがないかを考えました。

そこで、IoTを利用したスマートホーム構想を思いついたのです。

具体的には、在室時と外出時のそれぞれのシチュエーションに合わせて、テレビも含めた家電を操作できたら面白いと思ったのです。

エアコンがスマートフォン経由で操作できることは知っていまし

たが、同様に他の家電も操作できないかを調べてみると、スマートリモコンやスマートスピーカーで操作できることがわかったので、これなら強力な差別化になると確信しました。
そのため、予定にはない追加費用が1部屋あたり15万円（計180万円）かかりましたが、満足のいく差別化ができたと思っています。

設備経緯

建物の設備として、今回初めて井戸を掘ったのですが、実は前面接道には水道管が埋設されていませんでした。
そのため、公共の水道を利用するとなると水道管が埋設されている道から配管を延長する工事を自腹で行わなければなりません。
また、長い土地ということもあり敷地内まで引き込み後、建物まで配管を埋設するとなると、水道管埋設工事の総額が400万円もかかってしまいます。
そこで、建物付近に井戸を掘って水道と消雪装置として利用することにしたのです。
井戸工事であれば水道設備を入れたとしても150万円で済んだので250万円の削減です。
上水を井戸で賄うことで、入居者からは毎月上下水道料を定額で3,000円（税別）もらうことになりますが、入居者からすれば水が使い放題となるので、料金を気にせずに利用できるメリットがあります。
同時に、下水は公共下水に接続することになるので、水道局に定額で支払うことになります。
毎月の設備のランニングコストは、井戸ポンプにかかる電気代が約8,000円、下水使用料は1世帯あたり約1,000円×12世帯、計 20,000 円かかります。

満室であれば上下水道料が 36,000 円入ってくるので差額の利益が 16,000 円発生する計算になります。

設備費の 150 万円を回収しようとすると約 8 年で元がとれる計算になるので、悪くない設備投資なのではないでしょうか。

また、消雪装置は冬場だけでなく夏場にも利用できます。消雪装置の配管に気温とタイマー制御できる電動バルブを取り付けることで、打ち水としても使えるようにしたのです。

この仕組みにより、夏場の暑いときには入居者のエアコンにかかる電気代を節約するサービスを提供することができます。

家賃設定

物件が完成した際に、地元の仲間向けに内覧会を開催したのですが、家賃設定が「価格破壊」的な値段だと怒られてしまいました。

スマートホーム構想がなかった頃の家賃設定をそのまま採用して募集をかけていたのですが、家賃を上げる余地があるのかを管理会社と相談しました。

その結果、管理会社から見ても追加投資した IoT 機器分を家賃に 4,000 円上乗せして募集した方がよいとアドバイスをもらい、それに従ったところ無事満室になりました。

管理会社の担当者からすると、経験したことのない便利さに対してインパクトがあり、いけると確信したそうです。

正直なことをいうと、導入費用が安く値上げに見合う額ではないと思っていたので、本当に値上げできるのか懐疑的でした。

値上げしたにもかかわらず無事満室になったことを考えると、IoT 機器を導入して 3 年で回収できると思えばよい設備投資ではないでしょうか？

第４章

田舎大家流
「新築」不動産投資術
9つの戦略

１　基本戦略

どうやって選ばれる建物を建てるか

新築アパートでよくありがちなのですが、建設業者に建物を依頼して管理会社に客付を依頼すれば、あとは放置でよいと思っている人いないでしょうか？

確かに、新築を建てた直後であれば新築のプレミアム感があるので、丸投げでも運営できるかもしれません。

しかし、新築プレミアムというメッキが剥がれてしまった後はどうなるでしょうか？

同じような物件というのは周辺にたくさんあるもので、差別化されていなければどれも同じなのです。

何かしらの決定打がなければ競合との勝負に負けてしまうということです。

例えるなら、ザクのような量産品がたくさんあったところで、どれに乗りたいかと問われても、どれも同じなので運がよくなければ決めてもらうことはできないのです。

では、もしたくさんあるザクの中に赤く塗られてひときわ異彩を放つシャア専用ザクがあったとすると、どうでしょうか？

少なくとも、男性であれば比べるまでもなくシャア専用ザクを選ぶでしょう。

何を言いたいのかと言うと、いくら新築アパートを建てたとしても、客付ができなければ経営として成り立たなくなります。

どうやって選ばれる建物を建てればよいのか、後から出てくる新築物件とどうやって戦えばよいのか、を突き詰めなければならないのです。

建物の差別化

そのための差別化というのは、大きくわけて２つあります。

１つは、建物によるハード面での差別化です。

外壁デザイン、内装デザイン、間取り、設備などが該当します。

新築アパートは設計段階や建築段階にも携わることができるので、設計段階や建設段階でないとできない差別化を行うことができます。中古アパートのように制限があるわけではありません。

そのため、建設中でないと設置ができないものを取り付けたり、工夫したりすることが重要になります。

この設計段階で手を抜くと、後々競争力のない物件となり家賃下落の要因となってしまいます。

もう１つは、サービスによるソフト面での差別化です。

例えば、ペット共生型の賃貸物件を提供するために、共用部には洗い場を設置し、室内はフローリングを使わずにクッションフロアやペットが出入りできる扉の追加などです。

ただ言えることは、どちらも設計段階で織り込まなければ実現できないのです。

つまり、設計段階で差別化方針を決めることができなければ、できることは限られてしまい、大きな差別化はできないのです。

内装のデザインというのは、あとからいくらでも変更でき、多くの投資家がやっていることなので、ハードルの低い差別化、つまり当たり前のものなのです。

当たり前になったことは仕方ないので当たり前に行い、その上でさらにプラスアルファを求めなければ、さらに上をいく競合が出てくると太刀打ちできません。

そうなる前に、これから自分で手掛ける物件をどうすれば選ばれるかを設計段階で落とし込む必要があることを理解してください。

2　融資戦略

中古物件の融資依頼と何が違うのか？

融資のお願いに金融機関を訪問する際、中古物件との違いは持っていく資料が土地と建物の２つ分に増えるというだけで、依頼の仕方が違うわけではありません。

私が融資を依頼する方法は、資料一式とシミュレーション結果を持っていき、融資してもらえる条件を提示してもらう方法をとっています。

この方法で複数の金融機関をまわり、条件のよいところに依頼すればよいのです。

融資依頼をする際に一番の肝となるのが、一緒に提出するシミュレーション資料です。

このシミュレーション資料には、想定する融資条件を記入して収支やキャッシュフローが問題ないことを証明するのですが、この条件が希望条件と受け取られます。

つまり、銀行側の想定とこちらの想定がうまい具合に一致しなければ、融資してもらえないということになるのです。

逆に言えば、金融機関にとって美味しい条件だと思われれば融資してもらえる確率が上がるのです。

ただし、気を付けなければならないのは、新築アパートは築古物件と違って家賃の下落が発生するので、多少ストレスをかけたシミュレーションが必要になります。

私の場合は、家賃が毎年 1％～ 1.5％程度に下落、入居率は 80％想定で計算しています。

入居率が 80％というのは私にとってありえない数字なのですが、

ストレスをかけても問題ないことをアピールするための数字です。
ただ、それを証明するためには既に所有している物件の入居率が高いことが前提です。
私の物件の入居率は築古・新築合わせて約95%程度なので、この数字を基準にさらにストレスをかけているということを説明しなければなりません。
実際に金融機関内のストレスのかけ方は入居率が60～70%の場合もありますので、所有物件の実績を盾に証明する必要があります。

何をアピールすべきなのか？

不動産融資案件を持ち込む際に気を付けないといけないのは、強みは一体なんなのかを明確にすることです。
金融機関の担当者の立場になって考えてみてください。
おそらく内心は、「また不動産融資かよ！」って思っているのではないでしょうか。
不動産経営のプレイヤーは、不動産投資家から地主系大家までたくさんいます。
そのため、他のプレイヤーとどう違うのか、収益性は高いのかを金融機関目線で差別化を行わなければならないのです。
具体的には、「土地を相場より安く仕入れています」、「建物をこれだけ安く建てられます」、「こんな差別化を行うので周辺相場よりいくら家賃を高くできます」といった具合に、他のプレイヤーより優良案件であることをアピールする必要があります。
金融機関の担当者に自分がいかに優良案件なのかをわかってもらえない限り、もしかしたら門前払いか稟議を上げることなく却下されているかもしれませんよ？

据え置き期間で頭金と諸経費を早期回収！

新築アパートのメリットの１つに頭金と諸経費の回収が中古物件と比べて早い点があります。

何故早いのかと言うと、返済の据え置き期間を利用することで、一定期間は元金返済がなく金利のみの支払いとなります。

つまり、早い段階で満室になれば家賃の９割がキャッシュフローとなるのです。

新築物件の場合、当たり前ですが、全空からスタートです。

そのため、返済原資となる家賃収入がない状態なので、完成直後から返済は難しいのです。

これについては金融機関もわかっていることなので、融資のお願いをする際は据置期間の設定をお願いします。

その期間内に早く満室にすることができれば、それだけキャッシュが残ることとなり、頭金と諸経費の回収が早くなるのです。

ただし、据置期間をどれだけ設定するかは注意が必要です。

なぜなら、期間が長ければよいというわけではないからです。

例えば、６戸のアパートを繁忙期前に完成させるスケジュールなのに、据え置き期間を６か月の設定をお願いすると、「６戸しかないのに客付が難しく満室にできないなら新築中止すれば？」ってことになりかねません。

つまり、自分の無能さを訴えるような馬鹿な真似はできないということです。

そもそも、据え置き期間がなくても他の物件からのキャッシュフローで十分返済できるのであればそれに越したことはないのです。この方が金融機関の評価もよいはずです。

そのため、私が期間を設定する場合は「頭金＋諸経費の回収月数」か「６か月」のどちらか短いほうを選ぶようにしています。

返済方式は元金均等方式で！

新築アパートの最大のデメリットは、家賃の下落率が半端なく大きい点ですが、時間が経つにつれて陳腐化する以上、仕方のない現象です。

さらに、新築の経費や手間がかからないのは初期段階だけで、時間が経てば修繕費や手間がかかるようになります。

それにもかかわらず元利均等方式を採用すると、徐々に返済比率を上昇させさらに元金返済割合も高くなっていくので、リスクをより顕著化させる行為となります。

つまり、新築アパートのキャッシュフローは徐々に減っていくので、初期段階は未来の利益を先食いしているようなものなのです。

そのため、未来にリスクを先送りしないために、元金均等方式を採用すべきなのです。

元金均等方式を採用すれば元金の返済は一定で、利息の支払い額が徐々に減るので、家賃の下落と共に支払総額も減ると思えば同等のキャッシュフローを維持できるのです。また、頭金や減価償却期間にもよりますが、元金均等方式を採用していればよっぽどのことがない限りデッドクロスに陥ることもありません。

〔図表 20　返済方式の違い〕

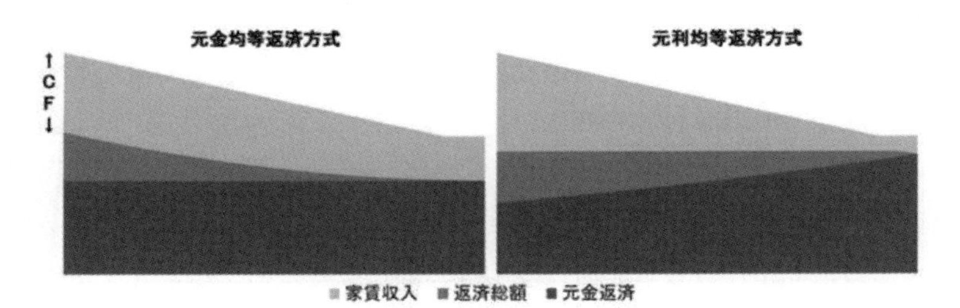

3　建設スケジュール戦略

新築１棟目を建てるならゆっくり建てよう！

新築１棟目を建てる場合は、おそらく右も左もわからない状態だと思います。

そのため、建設時に仕様等を決めるための打ち合わせが要所要所にあるのですが、簡単に決めるのではなくその都度よく考えて欲しいのです。

考える力が身につかなければ、よい物件をつくり上げることはできませんし、後から後悔しても変更はできません。

時間をかけて考えて、必要なら先輩大家さんや仲間に相談すればよいのです。考える時間はスケジュールを立てる際にバッファも兼ねて織り込んでおきます。

気を付けなければならないのは、建設スケジュールが長いと土地代や建設会社に支払う手付金、中間金を長く借りることになるので、金融機関に支払う利息が多くなります。

そのため、資金計画もキチンと織り込まなければならないのですが、私の場合は所有している築古物件のキャッシュフローをいくらか割り当てています。

建設時に慌ててもよいものはできません。キチンとよく考えて後悔をなくす努力をしてください。

完了検査と登記は１月に行う

１月に完了検査と登記を行うのは、固定資産税の支払いを１年先送りするためです。

固定資産税の支払義務は、１月１日時点で不動産の所有者に対して課税されます。

そのため、1月1日以降に完了検査と登記を行うことで、建物分の固定資産税を翌年まで課税されないことになります。

完了検査は12月に行ってもよいのではと思われるかもしれませんが、12月に完了検査し1月1日以降に登記したとしても課税する旨の通達が税務署からあった事例を聞いたことがあります。

嘘か真かわかりませんが、1年分の固定資産税がかかっているので用心に越したことはないのです。

完了検査は建築基準法によって工事完了の4日以内に行わなければならないので、極端に早く工事完了が予測される場合は、意図的に何かしらの工事を遅らせて1月の頭に完成するように調整すればよいのです。

前もって管理会社に募集依頼を行う

管理会社には前もって完成予定日を連絡して、それに合わせて募集をかけてもらう必要があります。

建設前から管理会社と相談等していると思いますので、あわてて募集をかけるということはないかと思いますが、完成する1～2か月前には募集をかけたいところです。

近年は引っ越し業界が人手不足で3月に手配できない状況なので繁忙期が早期化される傾向にあります。

早く引っ越す需要があるのであれば、これを取りこぼすことがないように準備しなければなりません。

そもそも、物件が完成していないからと言って内覧ができないわけではありません。

工事中に内覧してもかまわないのです。

工事中の外観写真と図面から間取り図をつくってもらい、1月入居の条件を記載してWebで募集をかけてもらえばよいのです。

もちろん、完成前の内覧は案内するスタッフも説明できるかわからない状況となるので、前もって物件の詳細を伝えておく必要がありますし、現場の職人にも管理会社が出入りする旨を連絡するなど、段取りを行っておかなければなりません。

完成してから募集するような悠長なことをさせるのではなく、早め早めに対処できるように管理会社をコントロールしてください。

完成予定日を遅らせない！

管理会社に客付を依頼した結果、内覧もなしに客付できてしまうことはよくあることです。

仮に客付できていなければ完成日を延期してもよいのですが、客付ができている状態で延期すると、管理会社に対する信用問題となります。

下手すると入居者に対して完成までの仮住まい費用を補償しなければならないかもしれません。

そうならないために、建設会社をキチンとコントロールする必要があります。

そのため、建設会社の担当者とは細目に進捗確認を行い、遅れそうな場合は職人の増員を依頼したり、担当者や現場の職人に対して発破をかけたりするのです。

現場には飲物持参でちょくちょく顔を出して、職人さんとコミュニケーションを行い、施主の存在をアピールすることで圧力となることもあります。

建設会社に丸投げすると、担当者や職人も優先度を落としたり期限にルーズになったりすることもあるので、キチンとコントロールする必要があります。

4　利回り向上と費用削減戦略

部屋数を多くして利回りを向上

手っ取り早く利回りを向上させる方法として、１部屋あたりの面積を狭くして部屋数を多くすることで利回りを向上させることができます。

2LDKのようなファミリー向けよりも1Rのような単身向けの、ほうが面積に対する家賃単価が高いことになります。

前著（田舎大家流不動産投資術）でデータを基に説明しましたが、人口減の一方で晩婚化や離婚の増加（３組に１組が離婚している）等により単身世帯が増えています。

そのため、需要のある単身向けで勝負することは決して的外れではありません。

しかし、現在では「単身向け＝狭い部屋」というわけではなく、差別化のために段々広くなる傾向にあります。

また、単身向けならではのデメリットとして、短期間で退去する可能性がファミリーと比べて高いのです。

私の物件でも、せっかく客付したにも関わらず１年以内に転勤で退去することが何度もありました。

定着率が悪化するので、再募集にかかるコストも発生します。

そのため、利回りが高いことを理由に単身向けにするのではなく、建設地の周辺が単身者の需要があるのか、ファミリーに需要があるのかを分析した上で間取りを決めたほうがよいと言えます。

建設費を削減するためにやってはいけないこと

新築アパートを発注するときでも買い物をするときでも、根拠のない値下げを要求する人はいないでしょうか？

根拠のない値下げを要求するということは、建設会社に利益減額しろと言っているのですが、それでは建設会社もやる気をなくします。

その結果、建設会社による無理なコスト削減を行い、見えないところで質を落とすようなことになりかねません。

例えば、単価の安い職人さんをどこかから引っ張ってくるかもしれません。

単価の安い職人というのはモチベーションが低く問題のある職人なのです。どこでどんなミスをしているかわかりません。

土地は劣化することはありませんが、建物は劣化するものなので決して質の悪い建材や職人を利用するような真似はしてはいけないのです。

また、必要ないものを徹底的に排除する投資家もいないでしょうか？

賃貸アパートにとって必要なもの、あったらよいもの、どちらでもよいもの、不要なものがそれぞれあるかと思いますが、入居者からの評価や利便性も考えずにバッサリ切り捨てるのではなく、コストや利便性、印象、費用対効果などを念頭に置いてトータルバランスでよく考えるべきなのです。

むしろ、こちら側からコスト削減方法を提案して、建設会社に協力するくらいの気概で望んで欲しいものです。

そのうえで、後悔しないように取捨選択してください。

家賃総額を上げて利回りを向上

利回りを向上させる手段の１つとして家賃総額を上げる方法があります。

周辺家賃相場を基準点にして付加価値の対価をどう積み上げるかになります。

しかし、付加価値を上乗せするには当然コストがかかります。

このコストに対して費用対効果があるのかを考えなければなりません。

私が常々疑問に思っているのが、築古物件をリノベーションして家賃アップしたという事例です。

例えば、リノベーション費用270万円かけて家賃4,000円アップした事例がネットに掲載されていましたが、費用回収に56年もかかる計算になります。利回りで考えると1.8%です。

これは明らかに業者のカモになった事例だと言わざるを得ませんし、物件の利回りがこれによって下がることになるのです。

では、私の新築3棟目のスマートホーム構想で導入したIoT設備設備はどうでしょうか？

15万円かけて家賃4,000円アップなので、費用回収は約3年、利回りは32%です。

つまりこの設備導入によって物件全体の利回りを押し上げる結果となるのです。

ただ単に差別化すればよいというわけではありません。差別化するための付加価値に費用対効果があるのかを十分考えなければならないのです。

物件価値向上はバリューエンジニアリングで！

新築アパートを建設する投資家は建設コストを下げることに対してよく考えられがちなのですが、コストを下げることだけが価値の向上に直結するわけではありません。

バリューエンジニアリング（以下、VE）という言葉があります。

VE とは、機能に対するコストを削減することで価値を向上させる考え方をいいます。

VE における価値とは

価値＝機能÷コスト

と定義されます。

要約すると、同一機能でコストを削減できれば価値は向上しますし、同一コストで機能が向上されれば価値は向上します。

具体例を挙げると、設備の機能に大差ない他メーカーの商品を選ぶことでコストを下げたり、価格に大差がない上位グレード商品に変更したりすることで価値を向上させることが該当します。

また、機能を減らすことでコストが大きく減る場合や、機能を大きく増やしてもコストが大きく増えない場合も価値が向上します。

VE は建設業界ではよく行われる手法ですので、建設会社に相談してみてください。

どんな設備・建材がどれくらいの価格なのかを教えてもらい、価値を高めるためにどうすべきかよく考えてください。

決して利回りを向上させることだけが新築アパートの価値向上につながるわけではないということを理解してください。

在庫品の利用

建設会社は様々な現場を抱えているので、住宅設備や建材をその都度発注しています。

たくさん現場を抱えると、数量や商品を間違えて発注してしまうことがあり､新品だけど使えない商品を抱えていることがあります。

そのため、機能やデザインにこだわりのない箇所なら、在庫品を利用してもらい、その分値引きしてもらったり見積価格を据え置いて上位グレード品を設置してもらったりすることも可能です。

私の事例を挙げると、新築３棟目を建てる直前に、地元の先輩大家さんが新築アパートを建てていたのですが、建設会社のミスで洗面化粧台の発注を２箇所の問屋に部屋数分注文してしまったそうです。

そのため、１棟分の洗面化粧台が余っていたのを私の物件で使用してもらいました。

このおかげで、私は上位グレードの洗面化粧台を見積金額据え置きで入れてもうことができたので、価値を向上することができました。

今回はまとまった数があったのでよかったのですが、各部屋に設置するような設備であれば、数を集める必要があります。

部屋によって仕様が違うことになりますが、商品差異がトラブルになることはまずないと思われます。

多少のチグハグ感はあるかもしれませんが、それでも構わない場合は有効なコスト削減手段となります。

アウトレット品の利用

建材や住宅設備のメーカーは定期的に新商品をつくっていますが、旧商品も随時生産終了しています。

メーカーや問屋からすると、生産終了品は在庫として残しておくわけにはいかないので、早く処分するためにアウトレット価格で販売されることがあります。

このような商品の情報は、メーカーや問屋から建設会社に情報を発信しているので、建設会社に依頼してこのようなアウトレット品を事前に集めてもらうことで、コスト削減を図ることができます。

私は在庫品同様に新築２棟目と新築３棟目の外壁をアウトレット品で賄うことで、金額はそのままで上位グレード品を取り付けてもらっています。

ただし、外壁のようにデザイン価値が問われる場合は、デザイン性を考えて導入する必要があります。

また、数を集めるために時間がかかり完成が遅れるようでは本末転倒なので、スケジュール管理に気をつけなければなりません。

施主支給してもよいものは何か？

施主支給をしてコストを下げましょうという投資家が多いのですが、施主支給は建設会社にとって面倒な行為になります。

なぜなら、物を仕入れることによって利益が発生するのに、その利益が出ずに取付作業をさせられるのですから、たまったものではないはずです。

そのため、建設会社に仕入ルートがない場合と、設備に対して細かな設定が必要な場合の２つの理由がある場合に限り施主支給させてもらいます。

例えば、特殊な内装材が該当します。

安くてカッコいい内装材をネットで見つけると取付たくなりますが、マイナーなメーカー商品だと通販でしか売っていない場合がよくあります。

もちろん、問屋にも扱いはないので建設会社も注文手段がなく、やむを得ず施主支給させてもらいます。

設備の取付については、事前に自宅で設定したい場合は事情を説明して施主支給させてもらいます。

壁埋め込み式アクセスポイントが該当するのですが、自宅でないと効率よく設定できないので、やむを得ず施主支給しています。

5　建物デザインと外壁戦略

建物は無駄に凸凹させない

〔図表 21　シーリング断裂〕

最近の戸建やアパートは外壁のデザインが凝っている傾向にあります。

外壁材のデザインが豊富なのもありますが、デザインのためにわざと凹凸をつけることが多くなりました。

確かに凹凸をつけてその箇所の色を変えたりするとカッコよいのですが、コストの面と耐久性の面で問題があります。

建物構造上必要のない凹凸をつけると表面積と角が増えます。

表面積が増えれば当然、外壁材や施工面積が増えますし、角が増えると割高なコーナー材も増えるのでコストがかかります。

また､角が増えることによって､コーナー材と外壁材の目地にシーリングが必要になります。

外壁で一番劣化しやすいのがこのシーリングなのです。太陽の紫外線と温度変化によってひび割れを起こすのです。

窓の近くに放置した輪ゴムが堅くなり切れやすくなるのと同じ原理だと思ってください。

このシーリング箇所をいかに減らすかが外壁の耐久性向上と修繕費用削減に繋がります。

そのため、一番よいのは無駄に凸凹させない四角形の建物にすることです。

凸凹させることで部屋数が増えるのであればよいかもしれませんが、多少のデットスペースを無理に活用しようとするのではなく、建設コストや修繕を意識した建物を設計したほうが後のコストやリスクを減らせるはずです。

外観デザインは「顔」を意識！

建物には必ず正面と裏面があります。

正面は言わば建物の「顔」となる面なので、建物に対する第一印象を与える重要な面となります。

そのため、正面のデザインは手を抜くことができず、何が何でもよく見せる必要があります。

それにもかかわらず、正面に設備などを満載に取り付けるとどうでしょうか？

〔図表22　正面１面パターン〕

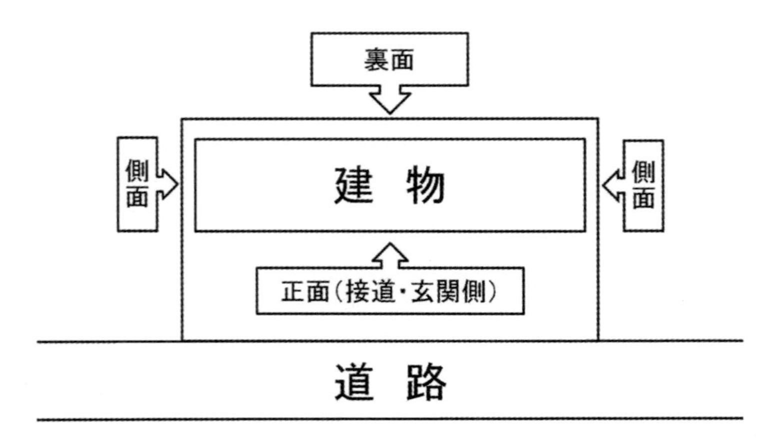

せっかくの「顔」が台無しになってしまいます。

給湯器やエアコン室外機、電気メーターなどは正面に取り付けるのではなく、必ず人の目に触れない裏面や側面に取り付ける必要があります。

ただし、間取りの配置の関係でユニットバスが正面玄関側に配置する場合は、給湯器と配管の取り回しが大変になるので、考慮する必要があります。

また、裏面や側面は通常目につかないので、デザイン性を求められることはありません。

そのため、柄を選ぶことのできないようなアウトレット品を利用して外壁にかかるコストを削減することもできます。

〔図表23　正面2面パターン〕

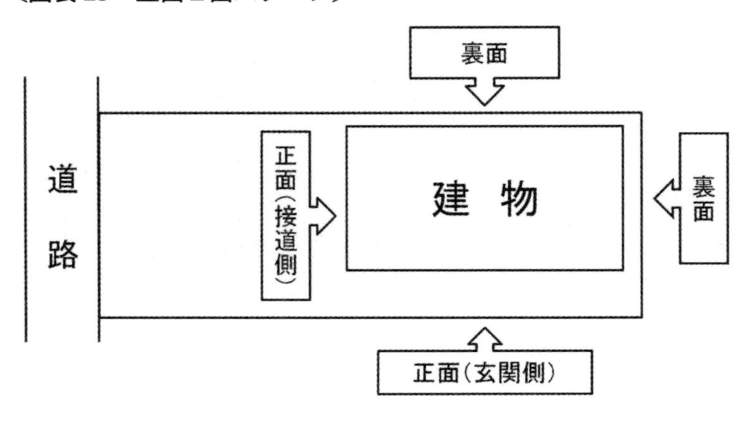

建物の配置方法によっては正面と裏面の位置が変わってきます。

正面となるのは、玄関側と接道側から見える面、裏面となるのは正面の反対側となります。

また、角地や二方路線、三方路線になると正面が増えることになるので、それぞれに応じて考える必要があります。

アパートタイプの選定

アパートには大きく分けて３つのタイプがあります。それぞれメリット・デメリットがあるのでどのタイプを選択するか考えなければなりません。

①外階段・外廊下タイプ

〔図表 24　外階段・外廊下タイプ〕

▷メリット

・上下階とも同じ間取りにできる。

▶デメリット

・階段や柱等の金属部が多く錆びやすい。

・外廊下が汚れやすい。

・外壁面積が広くなるのでコストがかかる。

・外廊下に照明が必要。

②メゾネットタイプ（長屋タイプ）

〔図表25　メゾネットタイプ〕

▷メリット

・１階と２階が同一部屋の場合、上下階間の騒音トラブルが発生しない。
・隣部屋との間に階段があるので、漏れた音が伝わりにくい。
・共用部がないのでランニングコストが抑えられる。
・外灯が少なくて済む。
・玄関から車までのアクセスが近い。
・郵便受けが玄関前なので郵便物までのアクセスが近い。

▶デメリット

・階段上下にデッドスペースができやすい。
・１階と２階が別部屋の場合、１階部屋が狭く２階部屋が広くなる。
・洪水等で床上浸水すると２階部屋にも被害あり。

③マンションタイプ

〔図表26　マンションタイプ〕

▷メリット

・共通玄関から各部屋の玄関に入るので防犯性が高い。
・エントランスがありマンションのような高級感がある。
・内部廊下・階段なので外と比べて劣化し難い。
・外部扉が１つなので、窓を大きくとれる。

▶デメリット

・建物内に共用階段があるので、部屋数を確保し辛い。
・共用部に非常用照明の設置が必要。
・部屋の間取りを統一し難い。
・各部屋の玄関から駐車場までのアクセスが遠い。
・エントランスに郵便受けがあるので郵便物までのアクセスが遠い。
・エントランスのオートロック扉やインターホンにコストがかかる。

窯業系サイディング

窯業系サイディングとは、セメントに繊維質の材料を混ぜて板状にしたサイディングで、日本の住宅のおよそ70～80％に採用されている標準的な外壁材です。

メリットは、他の外壁材と比べて比較的安価で、レンガ調や木目調などデザインが豊富で実物に近い表現が可能です。デザインを凝りたい場合に重宝します。

デメリットは、断熱性がなく、断熱材と併せて施工するので内断熱構造となります。

また、他のサイディングと比べて耐久性が低く、反り、浮き、クラック、凍害、剥離が起きやすいため、外壁塗装の頻度が多くなる傾向にあります。

サイディング同士をジョイントする場合は目地やコーナー材、隅にシーリングする必要があるので、これも耐久性を悪くする要因の1つです。

サイディングそのものは大丈夫でもシーリングのひび割れによって打ち替えが必要な場合もあります。

窯業系サイディングは、メーカーやグレードによって耐久性に幅があり、質の悪いものは数年で反ったり板の端から劣化したりすることもあります。

最近ではニチハ株式会社が製造しているFuge（フュージェ）という商品があり、四方合いじゃくり仕様のためサイディング同士の継ぎ目が目立たない構造となっています。

そのため、角や隅、窓以外にシーリングが不要なので、近年人気があります。

しかし、他の商品と比べて施工工数がかかるため職人から敬遠され施工工賃が高くつく傾向にあります。

〔図表 27　劣化した窯業系サイディング〕

金属系サイディング

金属系サイディングとは、ガルバリウム鋼板等の金属板に断熱材（ウレタン）を貼り付けたサイディングです。

金属の外壁というと、断熱材のないペラペラな板金（トタン）を想像するかもしれませんが、板金（トタン）とはまったく別物です。

メリットは、断熱材と一体化しているので外断熱構造となり、内断熱構造と比べて断熱性能が高いです。

また、表面が金属のため凹むことはあってもクラックや剥離のような劣化はしません。

そのため、交通量の多い道路や線路付近のように振動が多い場所に効果的です。

金属系サイディングのジョイントは目地の上にキャップを被せ、キャップの内側にシーリングを充填するので紫外線による劣化が遅

〔図表 28　金属系サイディングのジョイント部〕

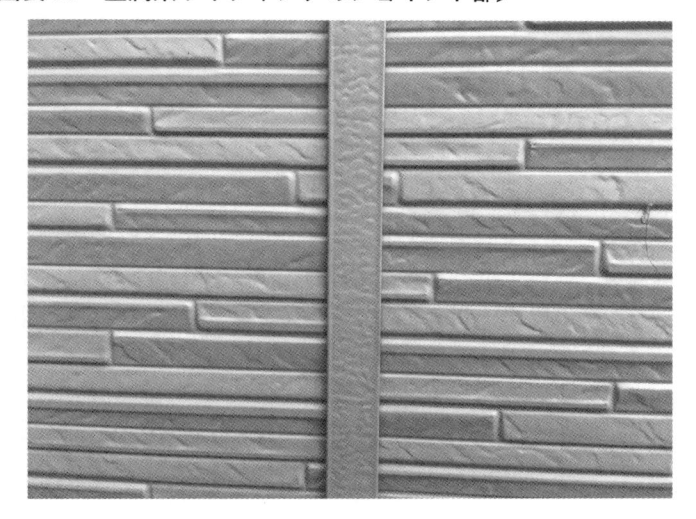

いのも魅力的です。

デメリットは、窯業系と比べて２～３割程度価格が高いです。

また、薄い金属板に凸凹させてデザインを表現しているため、窯業と比べて表現力や質感が劣ります。

窯業系サイディングと違いサビの影響もあるため、沿岸部や融雪剤・凍結防止剤を撒く地域では適さないサイディングとなります。

〔図表 29　サイディング評価〕

	価格	デザイン	防水	耐震	断熱	塗装周期
窯業系	○	◎	○	○	○	10 年
金属系	△	○	◎	◎	◎	15 年

結局どの種類のサイディングを選ぶのか？

私の新築アパートのほとんどは金属系サイディングを採用しています。

理由は、幹線道路から近く交通量が多く、特に新築１棟目は隣が線路ということもあり、耐震性を重視しています。

そのため、建設会社と建設スケジュールを打ち合わせする際にアウトレット価格の金属系サイディングを準備してもらいます。

タイミングよくアウトレット品があるわけではないので、準備期間を長くとることで、新築２棟目と新築３棟目ではアウトレット品を採用することができました。

問題となるのが、アウトレット品を採用した際のデザイン性に選択の余地がないことです。

アウトレット品であるが故に柄を選ぶ余地がなく、デザインが古臭い場合があります。

そのため、デザイン性が乏しい場合は、顔となる正面のみ窯業系サイディングを採用して、見栄えをよくしています。

この方法は新築２棟目で採用しています。

外壁に設備は極力付けない

外壁に取り付ける設備は色々あるかと思いますが、私はこれらの設備をなるべく排除するようにしています。

なぜなら、外壁の耐久性を劣化させ、外観上の見栄えも悪くなるからです。

例えば、外壁にベランダを取り付ける場合、外構に柱を組んで外壁に固定させることになるのですが、固定する際に穴をあけています。当然、その箇所から劣化していきます。

また、せっかく見栄えをよくするためにデザインを考えても外壁から金属質のものが出っ張って見えると、違和感があるはずです。
そこで、私は下記の設備以外は取り付けないようにしています。
①給湯器
②インターホン
③宅配ボックス
④メーター類・MDF盤
⑤ガスボンベ
これらは壁に取り付けることが前提の設備なので仕方ないのですが、それでも利便性に支障のない設備に関しては建物正面に取り付けるのではなく側面の目立たない場所に設置するようにします。
ここで、疑問に思われる設備として郵便受け、エアコン室外機、ベランダがあるかと思いますが、下記のように対処しています。
①郵便受け
郵便受けは玄関ドア付属タイプにする。
②エアコン室外機
壁に固定するのではなく架台置きにする
(壁に固定すると、ファンが回った際の振動が建物に響いてしまうため)。
③ベランダ
室内にサンルームまたは物干しスペースをつくる。
浴室乾燥機を設置。
エアコン室外機は、建物配置上仕方ない場合は外壁に固定してもよいのですが、外壁の劣化要因となるので極力架台置きにします。
特に、2階のエアコン室外機を壁固定にすると後々のメンテナンス作業が大変になるデメリットもあります。
また、架台置きは外壁に配管を這わせてカバーで隠すので、見栄えを悪化させないために必ず裏面に設置するようにします。

採光

建築基準法上の様々な条件によって窓の最低サイズが決まるので建築士（建築会社）と相談になるのですが、採光の条件には敷地境界から窓までの距離があります。

例えば、居室採光側を敷地ギリギリにまで寄せてアパートを建てると、隣の敷地の建物の影の中に建てることになり光が入らなくなります。

そのため、建築基準法上では採光のために境界からある程度離れて建設しなければならないので、このスペースがデッドスペースとなってしまいます。

新築１棟目と２棟目では比較的土地に余裕があったこともあり、採光スペースをとることができましたが、新築３棟目ではうなぎの寝床タイプのため、採光スペースを確保すると建設できる敷地面積が減ってしまう問題があります。

そこで考えたのが、採光スペースを玄関側にして通路と兼用にすることで解決しました。

ただし、壁には玄関扉があり壁面積が少ないので、窓を設置できるスペースが限られる可能性があり注意が必要です。

〔図表 30　新築３棟目採光配置図〕

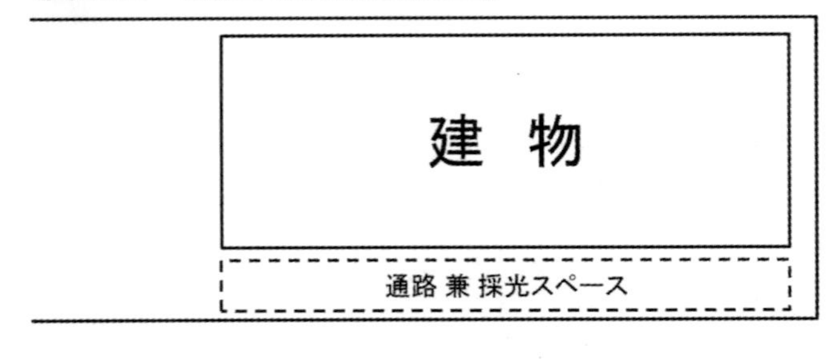

6　間取りの設計戦略

基本設計戦略

間取りを考えるうえで重要なのは、デッドスペースを減らしていかに広く見せるかが鍵となります。

利回りを確保するために、部屋数を増やして１部屋あたりの面積を狭くしなければならないので、デッドスペースをどう有効活動するかを考えなければなりません。

では、デッドスペースの定義は何かですが、私は「使われていない空間」と「活用割合が少ない空間」と位置づけています。

「使われていない空間」というのは、極端なことを言うと空洞のような空間です。例えば階段下や階段上の空間です。

このような空間はなるべく収納スペースやトイレのように居室以外のスペースに活用します。

「活用割合が少ない空間」とは、例を挙げると廊下です。通るだけのスペースは滞在時間が短いので活用割合が少ないと言えます。

滞在時間が短い空間は非常にもったいない使い方なので、居室の一部にできないかを考えます。例えば廊下を居室の一部にして広く見せるのです。

他にも、ウォークインクローゼットやサンルームがあります。

ウォークインクローゼットは人が入って出し入れする収納ですが、人が入る空間には物を置くことができないので、「活用割合が少ない空間」が一部あることになります。

ウォークインクローゼットにするくらいなら、奥行きを狭くして普通のクローゼットにします。狭くした奥行き分を居室に割り当てて広く見せることができます。

勘違いして欲しくないのは、ウォークインクローゼットが駄目というわけではありません。

間取り上、奥行きのあるデッドスペースができた場合やポータルサイトの検索条件を意識するのであれば問題ありません。

サンルームは洗濯物を干すためのエリアですが、洗濯物を干していない時間帯も存在するので、活用割合が少ないと言えます。

そのため、サンルームをつくるくらいなら浴室乾燥機を設置したり、脱衣所に洗濯機置場を設置したりする等、脱衣所内をサンルーム化するための窓を取り付けるなどの工夫をすればよいのです。

ただし、「活用割合が少ない空間」でも玄関ホールは例外です。

一見、玄関ホールは「活用割合が少ない空間」と見えますが、ビルやホテルにある風除室の役割を果たします。

風除室とは玄関扉を２重にすることで外気が室内に直接入らないようにする仕組みです。

玄関ホールによって、玄関扉から直接外気が入ったとしても、居室に入るための扉が防いでくれるので、室温管理に役立ちます。

〔図表31　玄関ホールの役割〕

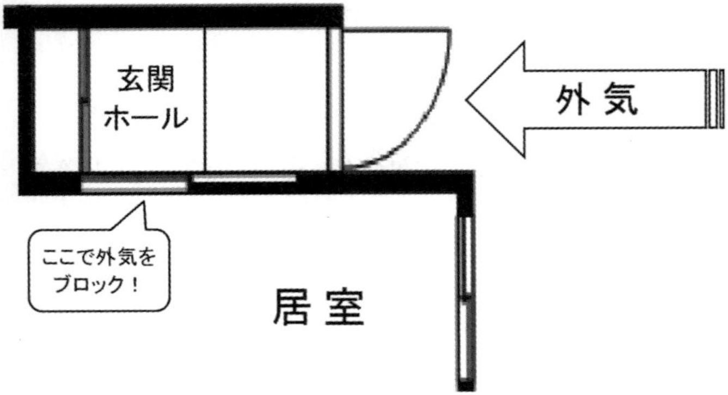

動線の合理化と設備代用

間取りを考える上で重要なのが、動線を楽にするために移動距離を短縮化できないかを考えます。

人気設備を無理やり満載にしても、使い勝手が悪いと室内をあっちこっち移動することになり、導入する意味がなくなります。

これは聞いた話なのですが、間取りの設計を建設業者に依頼したところ寝室に洗面化粧台を設置した不可解な例を聞いたことがあります。

動線を楽にするためには、入居者の生活をイメージしなければなりません。

例えば洗濯の手間をどうすれば少なくできるかを考えます。

当初（新築１棟目～２棟目）は洗面脱衣所に洗濯機を設置して、風呂に入るときに脱いだ服をそのまま洗濯機に入れれば動線の移動が少なく済むので楽になると考えていました。

ところが、実際に物件が完成すると洗濯した後の重い服をサンルームに運搬しなければならないことに気がつきました。

そこで、この運搬する手間まで削減できないかを考えるようになり、新築３棟目に反映させたのが、サンルームを廃止して浴室乾燥機の設置と脱衣所のサンルーム化です。

イメージしてみてください。

①入浴の際に脱いだ服をそのまま洗濯機に入れる。

②入浴の間に洗濯する

（又は入浴後に残り湯を使って洗濯）。

③洗濯後はユニットバスか洗面脱衣所に干す。

この動線ならばほぼ移動がなく洗濯が楽になるはずです。

また、今までは１畳程度の面積をサンルームに割り当てていましたが、結果的に省スペース化することに成功しました。

〔図表32　サンルーム化した洗面脱衣所〕

ここで洗濯物を干した際に出る湿気が問題となりますが、元々ユニットバスには換気扇がありますし、ユニットバス内の窓を開放することでも解消できます。

梅雨や冬の時期でもユニットバス内に干して浴室乾燥機を運転すれば大丈夫です。

もし冬の時期に洗濯物を溜め込んで一度に洗うようなことになったとしても、ユニットバスの扉を開放すれば洗面脱衣所まで乾かすこともできます。

もし能力不足に陥ったとしても洗面脱衣所にコンセントを設置しておけば除湿機を追加して解消することができます。

これだけの物干し容量があれば、居室内で干すこともないはずなので、生乾きの臭いで不快に思うこともないでしょう。

次に、トイレの動線ですが、私は風呂に入る前に必ずトイレに行く習慣があります。

この習慣は多分私だけではないかと思いますが、この習慣動線を楽にするために、ユニットバスや洗面脱衣所近くにトイレを設置することにしたのです。

　また、用を足した後に顔や髪を確認したくならないでしょうか？

　この要求を満足させるために、洗面脱衣所を経由してトイレに入ることで解決しました。

　また、元々トイレは室内景観の観点から居室から直接見える間取りに配置することはできません。

　そのため、従来のトイレの配置方法は、玄関ホールの隣に設置することが多いですが、動線距離もさることながら、もしトイレから出たときに来客と鉢合わせになったときの気まずさを考えると、洗面脱衣所の隣に配置するのがベストだと考えます。

〔図表33　生活動線解消間取り〕

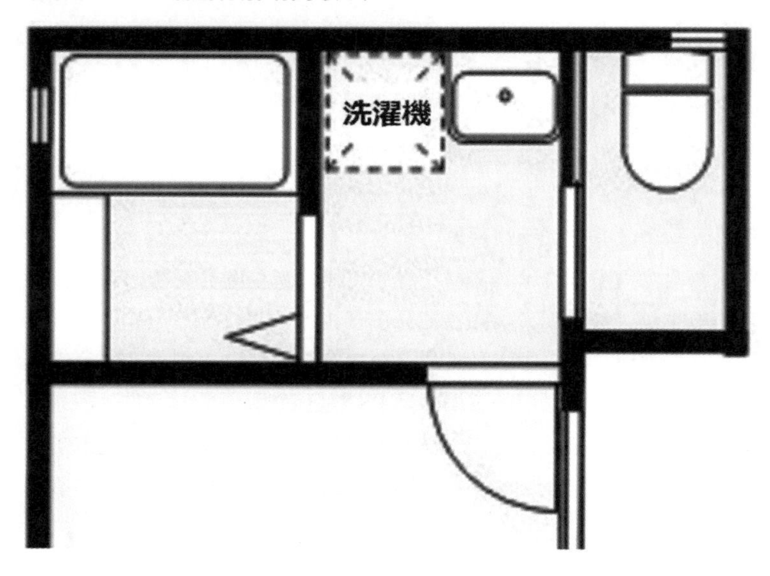

パイプシャフトの位置を意識

〔図表34　パイプシャフト〕

パイプシャフト（以下、PS）とは給排水管やガス管などを上階に通すための縦穴貫通孔をいいます。

RCや重鉄のマンションでは玄関扉の横によく設置されていますが、アパートの場合は壁の中に埋設しています。

この配管は１階から２階にかけて貫通させるために壁の一部をふかして柱のような箇所が１階にできてしまいます。

このPSをうまく隠さなければ違和感のある出っ張りと化してしまいますし、上階から水を流す（例：トイレ）と壁の中から水が流れてくる音がするため、１階の入居者は非常に不快に感じます。

もちろん、配管には防音材を巻いて極力音が聞こえないようにしていますが、やはり音は漏れてしまうものです。

また、水周りを集中させることができない場合、例えばキッチンと風呂トイレが離れている場合はPSが２箇所必要になります。

うまく隠す方法として、収納やトイレなど非居室部分に設置することで、違和感をなくし、極力居室で音が聞こえないようにすることができます。

どうしても居室内に設置しないといけない場合は、出っ張った部分をデザインの一部にすることで違和感をなくしています。

居室の窓

建築基準法上、居室には必ず窓を設置して採光をとらなければなりませんが、居室の広さに比例して窓のサイズも大きくなります。

気をつけて欲しいのが、コスト削減のために小さな窓で済ませるようなことは考えないでください。

なぜなら、採光が少なければ当然暗くなるのですが、暗ければ暗いほど部屋は狭く感じます。

居室が狭く見えるのはデメリットでしかないので、私はなるべく大きな窓を設置するようにしています。

なぜなら、採光によって明るく感じるだけでなく、室内からの視線が外まで抜けて部屋が広く見える効果もあるからです。

そのため、1階の部屋は掃き出し窓、2階の部屋は安全のため床から中間をFIX窓（はめ殺し窓）、天井から中間を普通窓の2段にしています。

これにより、あたかも床が窓から先も続いているかのように錯覚し広く見えるのです。

また、寝室以外の居室の窓はすりガラスではなく透明ガラスを採用しています。

プライバシーの保護はどうするの？　と思われるかもしれませんが、採光ロールカーテンを設置しています。

もし、すりガラスを条件に入居したいという人が出てきたとしても、すりガラスにできるシートを貼れば問題ありません。

非居室の窓

窓は居室には必要な建具ですが、非居室には必須というわけではありません。

非居室というのは人が長時間滞在しない場所です。該当する場所は、収納、トイレ、風呂、洗面脱衣所、廊下、階段などです。

居室以外の窓は不要なものなので削除すれば１つあたり３万円ぐらいの削減になるという話を聞いたことがあります。

私はこの思想には反対です。

なぜなら、トイレやユニットバスのような狭い空間を暗くすると、本来の広さよりさらに狭く見え、圧迫感を感じてしまうからです。

内覧時にそのように見えると損だと思いませんか？

例えば、今まで戸建てに住んでいた人が単身赴任や進学で部屋探しのために内覧に来たとします。

戸建てには窓がたくさんあり明るく生活しやすいので、その生活に慣れた人が全体的に暗い部屋を見てどう思うでしょうか？普通に考えてマイナスの感情しかわかないと思す。

しかし、これを逆手に取ることもできます。

アパートの間取りは玄関付近にキッチンやユニットバス、トイレを設置する傾向が大きいため、ユニットバスやトイレには窓がないことが多いです。

そのため、他の物件を見た後に窓のある明るいアパートを見るとどうでしょうか？　印象がよいと思いませんか？

今まで賃貸暮らしだった人が引っ越す場合も同様です。

つまり、窓の設置も差別化になるのです。

ただし、窓はコスト増原因にもなるので、非居室に関しては一番小さくて安い窓でも構いません。

１部屋あたり数万円のコストでずっと印象がよい状態を維持できるのですから、後から設置することができないことを考えると初期投資しても決して損ではないはずです。

家具家電の配置をお膳立てする

〔図表35　備え付けのテレビ台〕

空室対策の手段の１つにホームステージングがありますが、やってみたことあるでしょうか？

ホームステージングは家具家電を配置することで生活空間を演出して内覧者に好印象を与える手法です。

しかし、この作業本当にしなければならないのか疑問に思ったことがあります。

なぜなら、家具家電を設置しなくても、生活空間を想像できるような間取りにすることができれば、何も設置せずとも部屋での生活を想像できるはずです。

例えば、備え付けのテレビ台を設置するとどうでしょうか？

テレビ以外の使い方はおそらくないと思うので、想像するまでもありません。

また、腰の高さの位置にコンセントがあればどうでしょうか？

机を置くか、ベッドを置いて枕元でスマートフォンを充電する利用を想像できるはずです。

つまり、部屋の使い方を固定化するためのお膳立てや配慮をすることで、この部屋は使いやすいと思わせることができます。

これらのお膳立てにより、ホームステージングをまったくしないわけではありませんが、カーペットや小さなテーブルを置く程度に留めています。

7　設備戦略

ポータルサイトを意識した客付戦略

入居者を募集するために管理会社は必ずポータルサイトに情報を掲載します。

田舎ではポータルサイトに掲載しないような小さな管理会社もあったりしますが、客付方法として論外なので委託契約しないようにしています。

部屋探しをする個人の場合は、ほぼポータルサイト経由で部屋を探して、物件候補を何点か決めて内覧をしています。

近年では、VR や 360 度パノラマ写真によってネット経由で確認することができるようになり、1 点に絞ってから最終確認で内覧や、内覧すらないこともあるそうです。

つまり、ポータルサイトの検索条件に該当しなければ、その時点

〔図表 36　ポータルサイトの検索条件イメージ〕

バス・トイレ

- バス・トイレ別
- 温水洗浄便座
- 浴室乾燥機
- 追い焚き風呂
- シャワールーム

キッチン

- ガスコンロ対応
- IHコンロ
- コンロ2口以上
- オール電化
- システムキッチン
- カウンターキッチン

建物設備

- 駐車場あり
- 駐車場2台以上
- 敷地内駐車場
- 駐輪場あり
- バイク置場あり
- エレベーター
- 宅配ボックス
- 敷地内ゴミ置場
- バルコニー付
- ルーフバルコニー付
- 専用庭
- 都市ガス
- プロパンガス
- バリアフリー

で脱落してしまうのです。

そのために、まずポータルサイトにどのような検索条件があるのかを把握し、その中で何が選ばれているのか、必須条件は何か、好まれている条件は何かを調査しておく必要があります。

調査方法は簡単で、全国賃貸住宅新聞が毎年秋頃公開している「この設備があれば周辺相場より家賃が高くても決まるTOP10」(以下、「人気設備」)と「この設備がなければ入居が決まらないTOP10」(以下、「必須設備」)を把握することです。

「必須設備」はあって当たり前の設備です。この設備をケチって設置しないなんてことは絶対にできません。

「人気設備」は差別化設備の部類ですが、その中でも単身者向け１位のインターネット無料は４年連続１位なので、あって当たり前になりつつあり、「必須設備」の５位にランクインしています。

つまり、「人気設備」はいずれ「必須設備」になるということです。

そのため、「人気設備」は今の段階では差別化のための贅沢品かもしれませんが、今のうちに導入しなければ、後々戦えなくなるということです。

また、建設時に取り付けずに後から取り付けることもできる設備はありますが、建設時に取り付けておいたほうが見栄えがよく、違和感なく取り付けられます。

何よりトータルコストが安く済みます。

例えば、インターネット無料設備や防犯カメラがそうですが、後から外壁に配管を這わせて中に配線を固定するより最初から壁内部に配線しておいたほうがよっぽど綺麗ですし安くつくのです。

「人気設備」はすべて設置しろとはいいませんが、中には建設時でなければ設置できないものあったりするので、よく考えて取捨選択してください。

〔図表37　この設備があれば周辺相場より家賃が高くても決まる〕
TOP10　2018（全国賃貸住宅新聞）〕

順位	単身向け物件	順位	ファミリー向け物件
１位	インターネット無料	１位	インターネット無料
２位	宅配ボックス	２位	追いだき機能
３位	エントランスのオートロック	３位	エントランスのオートロック
４位	備え付け家具・家電	４位	宅配ボックス
５位	浴室換気乾燥機	５位	システムキッチン
６位	ホームセキュリティー	６位	ホームセキュリティ
７位	独立洗面化粧台	７位	ガレージ（屋内／屋外）
８位	防犯カメラ	８位	ウォークインクローゼット
８位	ウォークインクローゼット	９位	浴室換気乾燥機
10位	システムキッチン	10位	太陽光パネル（入居者個別売電）

〔図表38　この設備がなければ入居が決まらない
TOP10　2018（全国賃貸住宅新聞）〕

順位	単身向け物件	順位	ファミリー向け物件
１位	室内洗濯機置き場	１位	室内洗濯機置き場
２位	TVモニター付きインターホン	２位	独立洗面化粧台
３位	独立洗面化粧台	３位	追いだき機能
４位	洗浄機能付き便座	４位	TVモニター付きインターホン
５位	インターネット無料	５位	洗浄機能付き便座
６位	エントランスのオートロック	６位	システムキッチン
７位	備え付け照明	７位	エントランスのオートロック
８位	宅配ボックス	８位	インターネット無料
９位	ガスコンロ（二口／三口）	９位	ガスコンロ（二口／三口）
10位	システムキッチン	10位	エレベーター

なお、入居者が法人契約で直接法人から管理会社に依頼があった場合や、社宅代行会社経由の契約はこのような条件はまったく意味がなさないことになります。

法人契約の場合、社宅規定に則った選定を行うのですが、主な条件は部屋面積と家賃設定になります。

そのため、法人からの需要を見込むのであれば事前に周辺の法人の規定基準を管理会社に相談したほうがよいでしょう。

ガス会社の協力

中古物件を購入後はガス会社と無償設備貸与等のサービスを交渉するかと思いますが、新築アパートの場合も同様に交渉を行います。

ただし、受けられるサービスには限度があり、ガス会社の中で1室辺りの予算は決まっているので、何でもかんでも貸与してもらうわけにはいきません。

私がいつも貸与してもらっている設備は、追いだき対応給湯器、ガス配管、エアコンの３つとなります。

ただし、後述するIoT対応型の給湯器やエアコンを設置する場合、機種の指定をします。

もし、IoT内蔵型では予算がオーバーする場合は、オプション対応型のものを指定し、オプション品については別途費用負担して設置することになります。

エアコンと配管の設置場所

エアコンは室内機と室外機で1セットなのは言うまでもありませんが、室内機を設置する場所が限られてしまうことが多いです。

なぜなら、室内機と室外機を接続する配管は外壁を貫通しなければならないので、通常は外壁側の壁に設置します。

また、室外機を建物正面に設置するわけにはいかないので、裏面の外壁に配管を通すようにしなければなりません。

これらの条件をクリアにするために、室内機を設置したい場所について事前に大工さん、支給元ガス会社、電気屋（コンセント位置）の３名と一緒に設置方法について打ち合わせする必要があります。

この際に気をつけなければならないのは、エアコンを設置するために都合のよい場所があればよいのですが、裏側外壁が居室と接していない場合は裏側外壁までの配管ルートを考えなければなりません。

工事が簡単なルートはユニットバス横の壁や収納扉の上の壁です。

ユニットバスの天井には点検口があり天井裏には空間があるので、そこを通すルートであれば工事が可能です。

また、収納は見栄えにこだわる必要がないので、露出配管させた後にカバーで隠すことになります。

それでも都合のよいルートがない場合は、大工さんに依頼して壁をふかしてもらい、壁の中に空間をつくります。

メンテナンス性を犠牲にして配管を隠蔽するわけにはいかないので、配管を引き直しできるくらいの空間を確保します。

配管の寿命は 30 年と言われていますが、技術進化により配管規格が変わってしまう可能性を考慮して、配管を交換できる状態にしなければなりません。

〔図表 39　新築３棟目エアコン配管ルート〕

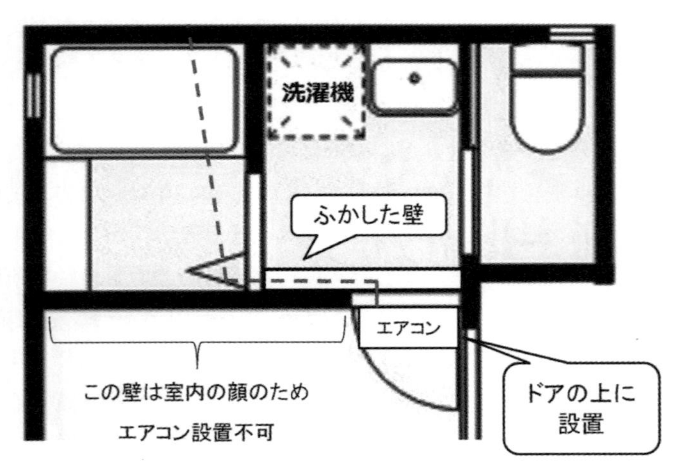

ユニットバスをノンステップ化

中古アパートで残念だと思う箇所に、ユニットバスの入り口が１段高くなっていることがあります。新築アパートの場合でもこの段差が解消されていないことが多いです。

現在の新築戸建て住宅の場合、１階のべた基礎の上にユニットバスを設置することで、全体的に１段さげることができこの問題を解消しています。

そのため、この方法を採用すれば１階のユニットバスは簡単にノンステップ化できます。

しかし、手間がかかるのは２階のユニットバスです。

通常の工程であれば居室と同じ高さの床を組んだ上にユニットバスを設置するため、どうしても１段高くなってしまいます。

そこで、２階のユニットバス設置場所の床下を事前に１段低くすることで、１階と同様に入り口を１段下げてノンステップ化することができます。

〔図表40　ユニットバス設置場所
（左：上から撮影　右：下から撮影）〕

水道工事に多額の費用がかかる？

水道引き込みには水道局や自治体に水道加入金を支払わなければなりません。

水道加入金の額は地域によって幅があり、20mm が１本で数万円～ 20 万円ぐらいかかります。

また、運が悪いと建設予定地の接道に水道管が埋設されていない場合もあります。

埋設されているかどうかは土地売買時に不動産屋に言えば調べてもらえますが、水道管がない場合は、水道管がある近場から引き込む工事を自腹で行わなければなりません。

この状況を打破するために、井戸を掘ることで多額の費用を抑えることができました。

新築３棟目の場合は、地下水脈の水が豊富で綺麗な水が自噴するような地域でした。

そのため、水道引き込み工事を行うと 400 万円かかる見積もりでしたが、自前で水道設備を用意すると、滅菌器等一式を含めても 150 万円程度で済んだので工事費用を削減できました。

今回は井戸の環境がよかったですが、井戸を掘っても水質がよくない場合があります。

例えば、井戸水が一見透明に見えても鉄分が多く赤水になってしまうような水質もあります。

また、温泉が混じっているのか硫黄等の成分が含まれて飲み水に適さない場合もあります。

建設予定地の水質がどうかを調べるには、井戸工事業者に聞くのが一番よいのですが、自分で参考程度に調査する方法もあります。

近所の消雪装置が設置されている道路やコンビニ等をよく見てください。アスファルトが茶色くなっている場合は、井戸水によって発生したサビか配管によるサビかのどちらかです。

複数個所調査して100％茶色くなっているなら井戸水によるサビの可能性が高いので、飲み水としては適さない水質ということになります。

調査時期が冬場なら、実際に噴出している水の匂いを嗅いでみるのもよいのですが、決して試飲はしないでください。

消雪装置を設置するついでの有効活用

井戸水を飲用水として利用するかは別にして、消雪装置を設置するために井戸を掘るのは、稼働率が低いもったいない設備だと思います。

そこで私は、消雪装置を利用して夏場に打ち水として使う仕組みを考えました。

原理は簡単で、消雪装置の配管を2系統用意します。
片方は降雪センサーが反応した場合、電磁弁が開閉する従来の消雪装置の仕組みです。

もう1系統にはタイマーと温度センサーが内蔵された電動バルブを取り付け、朝方と夕方に気温が設定温度以上になった場合に開閉して水が出る仕組みを導入しました。

これにより、入居者へのエアコン電気代を削減するサービスとして提供しています。

余談ですが、このサービスのアイデアは前職のビル管理をしていた頃に、管理物件の中で行っていました。

ビルの場合は集中監視装置（ビルコン）と呼ばれる装置があるので、簡単にスケジュールを組むことができますが、これを代替的に行うことができる商品がないか調べたところ、バルブの開閉をタイマーと温度制御できるものがあったので、これで代用しています。

８　内装デザイン戦略

「顔」を意識

外壁のデザインと同様に内装のデザインを考える上でも、部屋のどこが「顔」となるのか考えなければなりません。

重要な「顔」をキチンと映えさせなければ、部屋全体がぼやけたありふれたデザインとなってしまいます。

部屋全体を栄えさせればよいのでは？　と考える人もいるかもしれませんが、これは好みの問題なので決して悪いとはいいません。

しかし、部屋全体を栄えさせると非日常的な空間となるので、入居者は落ち着いた生活が可能かを考えると、奇抜なデザインは入居率に影響するかもしれません。

また、修繕面でも問題が発生します。

壁４面に同一のアクセントクロスを貼った部屋を原状回復で１面のみ貼り替えになったとします。

建設当時は販売していたクロスが数年後に販売されているとは限りませんし、下手すると４面すべて貼り替えになる可能性もあります。

白系の量産クロスなら多少柄が違っても代用はできますが、アクセントクロスの柄をうまく併せるのは大変です。

そのため、私は「顔」となる面はなるべく高級感を演出するために手を尽くしますが、「顔」以外は基本的には白系の量産クロスで済ませてしまいます。

そもそも、新築アパートの内装デザインを考える場合はクロスの柄だけを考えればよいわけではありません。

選んだ建具の色、キッチンの色、フローリングの色、照明の発光色など、あらゆるものを選ぶことができるので、これらを利用して総合的にどんなデザインにしたいのかを考える必要があります。

「顔」は「偽物」ではなく「本物」を使う

室内の「顔」となる場所を決めると、どのようにして映えさせるかを考える必要があります。

通常であれば「定番」のアクセントクロスで済ませるかと思いますが、「定番」になってしまったアクセントクロスは、すでに差別化要因ではなくなりつつあるということです。

つまり、アクセントクロスを超えた内装を考えなければ差別化ができないのです。

そもそも、アクセントクロスは壁紙に柄をプリントした「偽物」でしかありません。プリントされた紙である以上、立体感を演出するには限界があります。

「偽物」を使った差別化が限界なのであれば「本物」の内装材を使えばよいのです。

「本物」の内装材を使うことで、「偽物」では表現できない質感や立体感を演出することができるので、高級感を出すことができるのです。私の場合は、アクセントクロスの代わりにウッドタイルや陶器のタイル、羽目板等を使っています。

このような内装材を利用することで、クロスの面積を減らして修繕費用を抑えるメリットもあります。

内装材の施工はクロスを専門に扱う内装屋では手に負えませんが、せっかく新築アパートを建設するために大工さん、塗装屋さん、左官屋さんがいるのですから、この職人さん達を利用しない手はありません。

内装材はLIXILやサンワカンパニーのような住宅設備メーカーに

取り扱いがあるので、ショールームを見学すると勉強になります。

勉強方法は他にも、高級志向や高層新築区分マンションを見学する方法です。

地元で販売されているようなら、モデルルームへ見学に行くのもよいでしょう。

自分がお客の立場として見学するのも新鮮で、高級マンションの販売するためのノウハウを勉強して自分のアパートに反映できればさらに差別化ができるようになります。

また、内装だけでなく既にステージングされているので、これも参考にすることができます。

〔図表41　ウッドタイルとエコカラット〕

リモコン・パネルは壁と一体化させる

壁に固定するリモコンやパネルの類は設備が増えるにつれて多くなります。

例えば、給湯器リモコンやテレビドアホンの親機などです。

これらを単に壁に引っ掛けると、見る位置によっては出っ張った異質なものに見えます。

そこで、壁をあらかじめ凹ませておき、そこに設置することで壁と一体的に見せることができます。

ただし、この手法にこだわるが故にリモコンを集中化させると、利便性を損なう場合もあるので気をつけなければなりません。

例えば、給湯器のリモコンがキッチンから手の届かない場所に設置すると、使い勝手が悪くなるので利便性を犠牲にしないようにする配慮が必要になります。

〔図表 42　壁の凹みに設置したテレビドアホン〕

男性向けか女性向けか

新築アパートを建てる際に立地の特徴からどんな入居者をターゲットにして募集するかを考えると思います。

その際に、私は１階の部屋は男性向け、２階を女性向けにしたいと思っています。

なぜなら、防犯面から２階の部屋は女性からの需要が多いのは周知の事実ですが、女性のほうが男性より体重が軽いことから２階に女性が住めば騒音トラブルを軽減できると考えているからです。

特に男性の思考は現金なもので、上階に女性が住んでいると女性に優しくなりますが、上階に男性が住んでいるとイライラしたりします。

ただし、２階の部屋は決して女性限定にしているわけではなく、物件周辺の環境が変わり女性比率が減ってしまった場合のことを考慮して、男性が入居しても大丈夫なようなデザインにするのです。

よく、女性向けデザインというと、花柄やピンクのコテコテのクロスを想像するかもしれませんが、そうではありません。

男性に嫌悪感を与えない程度に女性受けしやすいデザインに留めるのです。

そのため、１階は男性が好むようなシックなデザインにし、２階は女性好みだが男性でも大丈夫なようにナチュラルなデザインにしています。

では、そのデザインを構成するのはクロスかというとそうではありません。

単純に、フローリングや建具の色を上下階で分けるだけでそれなりに男女比を操作できたりします。

私の新築物件の内、１階に住んでいるのはほぼ全員男性で、２階の男女比はおよそ半々程度です。

9　出口戦略

出口基本戦略

私の新築アパートの出口戦略は主に短期保有型戦略、中期保有型戦略、長期保有型戦略、無期保有型戦略の４通り考えています。

新築アパートを建設する段階でどちらの戦略にするのかを考えるのは当然ですが、売却時の市場がどのような状況かなんてわかりません。

そのため、基本的にはどのような戦略に切り替わっても大丈夫なように建設します。決して保有期間の差異で建物の品質を悪くしたり、設備を削減したりするようなことはしません。

保有期間によるデメリットの違いは、築年数による陳腐化と大規模修繕が発生するかどうかであり、保有期間に応じて事前に修繕積立金等を計上しておくなど、準備をしておく必要があります。

そのため、たとえ短期保有型戦略であったとしても、中～長期保有型戦略に切り替えたときのために修繕積立金を貯めておく必要があります。

短期保有型戦略

短期保有型戦略は、小型の物件を毎年１棟ずつ建てて３～４年程度保有した後、４年目ぐらいに売却する戦略です。

もちろん、毎年１棟ずつ建てるのは理想論でしかないので、毎年建てるのが難しいのなら１年おきでも構いません。自由にアレンジして構いません。

真面目に毎年１棟ずつ建てていくと想定すると、４年後には毎年１棟建てながら１棟売却することので、４棟分のインカムゲインと

１棟売却したときのキャピタルゲインを得ることができます。

そのため、５年以内での売却を想定して必ず法人で取得するようにします。

個人で取得してしまうと、短期譲渡になりキャピタルゲインにかかる税率が高くなってしまうからです。

この戦略は売主側と買主側両方にメリットがあるので、手堅い出口戦略となります。

買主側からすると築浅物件なので大規模修繕をする必要が当分ないことになります。満室ならば手間もかからないでしょう。

小型の物件であれば融資額が少なくて済むので初心者でも心理的ハードルが低くなります。

売主側としても、家賃が下落する前に売却できるので、売却額が大きくなります。

また、土地を周辺相場より安く購入していれば含み益をキャピタルゲインの一部として早期に回収することが可能になります。

ただし、売却のタイミングに注意点が２つあります。

まず、４年後の不動産市場がどうなっているかが問題です。

金融機関の融資が締まっていると市場が冷めているので、わざわざ安値で売ることはせずに、中期保有型戦略に切り替えます。

もちろん、４年という期間はあくまでも設定年数なので前後してもかまいません。

もう１つは、所有法人が消費税免税事業者か課税事業者かを意識する必要があります。

２年前に課税売上が1,000万円を超えている場合は消費税課税事業者になっている可能性があります。

例えば、２年前に物件を売却して建物部分が1,000万円を超えていれば確実に課税事業者です。

[図表 43　短期保有型戦略の物件売買イメージ]

課税事業者のまま物件を売却すると建物価格に消費税が発生するので、消費税を納めたくない場合は免税事業者の間に売却するようにします。

また、平成 28 年に改正された消費税法により、課税事業者期間中に税抜 1,000 万円以上の課税固定資産を購入すると課税期間は３年間延長され、免税事業者に戻ることや簡易課税制度に変更することが難しくなりました（土地の購入は課税固定資産ではないので延長されません）。

そのため、おすすめするわけではありませんが、新築アパートの建設と売却のサイクルをきっちり守るのであれば、所有法人を３つに分けて所有し１年ごとに所有法人と売却法人を変えることで免税事業者のタイミングで売却することになります。

ただし、このスキームを選択すると金融機関に多法人スキームを疑われる可能性があり、各法人の状況を公開する必要があります。

最後に注意点ですが、この戦略は物件の所有期間が短いため、建売のパッケージ商品をつくって即売却する転売業者に近いスキームになります。

そのため、建材の品質を落として格安で建てて売却してしまうようなことは絶対に考えないでください。

なぜなら、短期保有の予定だったとしても不動産市場や金融機関の思惑で都合よく短期で売却できない可能性があるからです。

自分でつくったババ抜きのババ物件を自分で保有しなければならないことになるので、邪なことはできないと考えてください。

中期保有型戦略

[図表44　所有11年物件の売却シミュレーション]

①建設時の条件
土　　地：1,000万円
建　　物：4,000万円
利 回 り：10%
返済条件：元金均等返済　22年
※フルローンで購入

②売却時の条件
所有　年数：11年
残　　　債：2,500万円
家賃下落率：1%／年
家賃　総額：5,225万円
経　費　率：新築時家賃の10%
諸経費総額：　550万円
売却　価格：3,750万円
※利回り12%を想定して売却価格を設定

中期保有型戦略は、11年程度で売却し利益確定します。

何故11年程度なのかというと、利回りが10％以上あれば維持コスト（家賃1年分と想定）を加味したとしても物件価格を家賃で回収できたことになるからです。

また、大規模修繕をする前に売却することで、外壁塗装のような大規模修繕を背負う必要がなくなります。

残債も元金均等返済を設定し、返済期間を耐用年数である22年であれば、半分に減っているはずです。

「図表44　所有11年物件の売却シミュレーション」の条件で考えてみましょう。

入居率100％で減価償却や税金等を考慮していない大雑把なシミュレーションですが、家賃で物件の元をとり売却額で完済することができます。

キャピタルゲインが出るような華々しい出口戦略ではありませんが、売却額から残債を除いた手残が1,000万円程度あるわけなので、次の新築アパートの頭金に回すことができるはずです。

長期保有型戦略

長期保有型戦略は、完済したタイミングで売却します。

22年経つと大小様々なリスクが発生するので、面倒なことになる前に売却して身軽になる戦略です。

この時点で売却してしまえば売却額が丸々手残りとなりますし、家賃で2回も元をとった計算になります。

耐用年数を過ぎてしまえば築古物件の仲間入りです。

築古物件としての面倒事を背負うのが嫌なのであれば、ここで利益確定してよいのではないでしょうか。

しかし、経営する気概があるようでしたら返済がない分キャッシュが貯まりやすい無期保有型戦略に移行することをおすすめします。

無期保有型戦略

無期保有型戦略は、何かしらの理由（高齢になって管理できなくなった等）がない限り売らないことを前提とします。

新築時から返済までの期間、家賃がなるべく下がらないようにキチンと修繕していれば、築年数の割に高収入を得られるような優秀な物件に育っているからです。

賃貸経営に無関心な大家が所有する中古と比較して、こまめに修繕された物件はトラブルの発生割合や手間のかかる度合いは違うはずです。

また、ローンを完済してしまえば家賃≒キャッシュフローとなるので、最高の収入源となります。

頭と尻尾はくれてやれ

結局のところ、出口戦略である売却は買い手が見つからなければ実現することができません。

買い手が見つかるかどうかは、その時々の市場が融資に積極的なのか消極的なのかにもよりますし、買い手の属性も関係します。

属性がよい人なんてピラミッドの頂点のようにほんの一握りしかいません。仲介にそんな人を探せといっても無理があります。

当然、物件が売却しやすい物件なのかどうかにもよりますし、築年数が経てば当然売りにくくなる傾向にあります。

その分、インカムゲインが入ってくることを考えると、インカムとキャピタル、諸経費、減価償却総額などのバランスを考える必要がありますが、これぱっかりは「頭と尻尾はくれてやれ」と思って欲を出さないのがよいと思います。

第５章

これが、田舎大家流差別化術！
スマートホームアパートの導入！

1　スマートホーム・IoT ってなに

スマートホームは高度なライフハックである

スマートホームとは、家電をインターネットに接続し、自動でコントロールしたり遠隔操作したりすることで、より快適になった住宅環境を指します。

スマートホームを構成するには IoT が必要不可欠となるので、本書では IoT を導入した住宅環境をスマートホームと定義します。

※ちなみに、似たような言葉に「スマートハウス」がありますが、これは太陽光発電システムや蓄電池などのエネルギーコントロールされている省エネ住宅のことです。

IoT とは Internet of Things の略称で「モノのインターネット」と言われています。簡単に言うとパソコンやスマートフォン以外のモノもインターネットに接続して操作できるのです。

モノがインターネットに接続されることで状況確認、分析、連携、作業が可能になります。

つまり、IoT のメリットは元々人間が行っていた作業を IoT に置き換えることで、人にかかる手間を省くことができるのです。

そもそも、インターネットが登場した当初は「距離」と「時間」を削減することができるといわれていましたが、当時は情報を伝達するための時間やコスト程度しか考えられていませんでした。

しかし、現代においてはスマートフォンが発達し、その過程で生産される部品を流用することでデバイスを安価に製造できるようになりました。例えば、無線 LAN や各種センサー、それらを制御するための SoC（System on a Chip　様々な部品を１チップにまとめた部品）などの部品です。

そのため、ヒトの作業を代替できるデバイスさえあれば、情報だけでなく作業にかかる距離と時間を削減できるようになるのです。

IoT には大きく分けて２種類の考え方があります。１つ目は「モノとモノ」をつなぐ M2M(Machine to Machine)。２つ目は「モノとヒト」をつなぐ M2H(Machine to Human) です。

住宅分野で例えるなら、M2M は「室内の温度センサーが○度になったら、エアコンを起動する」のように機器同士の自動制御になります。

M2H は「声で照明をつける」「インターホンが鳴ったらスマホに通知」のようにヒトがモノに指示する、モノがヒトに通知するような手動制御になります。

ただ、どちらにしてもモノの設置場所で操作する必要はなく、操作するための移動と時間は省略できるのです。

理屈で説明するとこのような説明しかできませんが、結局スマートホームは何が便利なの？　と疑問に思うかもしれません。

経験したこともない、実感したこともないことを理解してもらうのは難しいので、よく「料理中にエアコンを動かしたくなった」ときの状況を説明します。

頭の中でイメージ力をフル回転して欲しいのですが、従来の生活環境では下記のプロセスを経てエアコンを操作できます。

①手を洗う。

②手を拭く。

③リモコンのある所に移動。

④リモコンでエアコンを操作。

しかし、スマートホームを導入した生活環境では次の２パターンしかありません。

・自動でエアコンが起動する（ヒトは何もしない）。

・声で操作する（「・・・、エアコンつけて」という）。

どうでしょうか？　今までヒトが行ってきた作業をIoTに代行させることで作業時間を短縮できるのですから、高度なライフハックと言えるのではないでしょうか。

スマートホームの構成要素

スマートホームは単にIoTデバイスがあれば完成するわけではなく、デバイス、ネットワーク、アプリケーション、オペレーションの4要素を満たす必要があります。

デバイス

デバイスとは、最小単位の機器のことです。例えばスマートスピーカーや各種センサー、家電などです。

〔図表45　スマートホームの構成イメージ〕

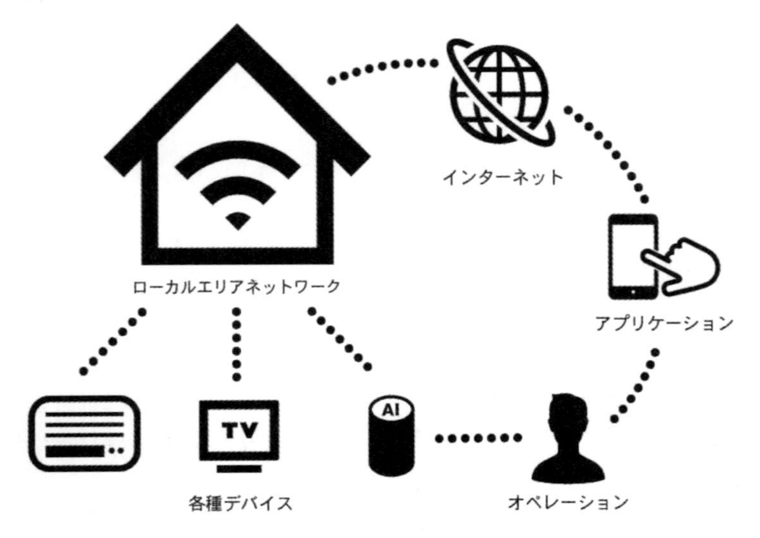

これらがインターネットにつながることで遠隔地の操作が可能となります。

デバイスの役割は「通知」と「アクション」にあります。

「通知」とは各種センサーデバイスによって状況を把握し情報を他のデバイス（M2M）やアプリケーション（M2H）に渡すことです。

「アクション」とは、デバイスが何かしらの目的を果たすために指示を出して機能させることです。

M2M の場合、他のデバイスが直接的に指示することになります。

M2H の場合、アプリケーションが通知情報を受け取り可視化されることによって、ヒトが判断してデバイスを「アクション」させることになります。

ネットワーク

ネットワークはデバイスやアプリケーションと通信するために必要なインフラです。

この環境がなければデバイス間で制御されることができないのでただのモノでしかありません。

ただし、気をつけて欲しいのはデバイス単体で有線 LAN や無線 LAN 経由で直接インターネットに接続されなければならないというわけではありません。

Bluetooth や赤外線に対応していれば、ゲートウェイデバイスという異種ネットワーク同士を接続するデバイスを利用して間接的に接続することもできます。

そもそも、Bluetooth や赤外線も通信手段の 1 つであり、デバイスが 2 つ以上ありお互い通信すれば、それはネットワークなのです。

そのため、一概に直接インターネットに接続するわけではありません。

最近では元々センサー同士の通信を主体として策定されていたZigBee（ジグビー）という通信手段もIoTに導入され、現在IKEAのスマート電球などに採用されています。

アプリケーション

アプリケーションは、デバイスの設定内容やデバイスから得た情報を可視化し、指示するために必要です。

例えば、居室に設置した温度センサーデバイスの情報（室温）を確認したり、「○度以上（以下）になったらスマートフォンに通知」する設定を行い、ヒトにアラームを通知したりヒトや他のデバイスに指示するために利用します。

また、コンシューマ（一般消費者）が意識する必要はないのですが、情報を表示する前段階としてデータを蓄積したり、分析したりするための内部処理や外部処理サービスも含みます。

オペレーション

オペレーションは、アプリケーションから得た情報をヒトが見て、判断して何かしらの指示や行動を起こす運用面の取り決めについてです。

例えば、「室内の温度が○度になった」と通知が来たとします。

この通知の意図がわからず利用方法もわからないまま、無条件に無視していてはスマートホームの意味がありません。

そもそも、スマートホーム構想は従来ヒトが行ったプロセスをIoTが代行して手間を削減するのが目的です。

そのため、「この通知が来たら」「この行動をしたくなったら」等、ヒトの中でどうしたいのかをあらかじめ取り決めておく必要があります。

スマートホーム構成階層モデル

IoT 業界は現在、黎明期であり標準的な規格統一がされていない未成熟な業界です。

そのため、様々なコンソーシアム（関連団体）が乱立しており、それぞれが独自の IoT モデルを提唱しているため、どのモデルが標準化されるかがわからない状態です。

その中で私が注目したのは、Cisco（ネットワーク機器メーカー）を中心としたコンピュータ系のメーカーが集まった IoT World Forum です。

IoT World Forum が提唱している 7 階層のリファレンスモデルがありますが、これは開発者が意識すべき階層モデルです。

これをベースとしてコンシューマ（一般消費者）が意識すべきスマートホームの階層モデルを考えたのが、「デバイス」「ネットワーク」「アプリケーション」「オペレーション」です。

この 4 階層では大雑把すぎるかもしれませんが、今後標準化されるモデルが発表されたとしてもこの 4 つが IoT の構成要素となっている以上、的外れなモデルになることはないと思われます。

[図表 46　スマートホーム構成階層イメージ]

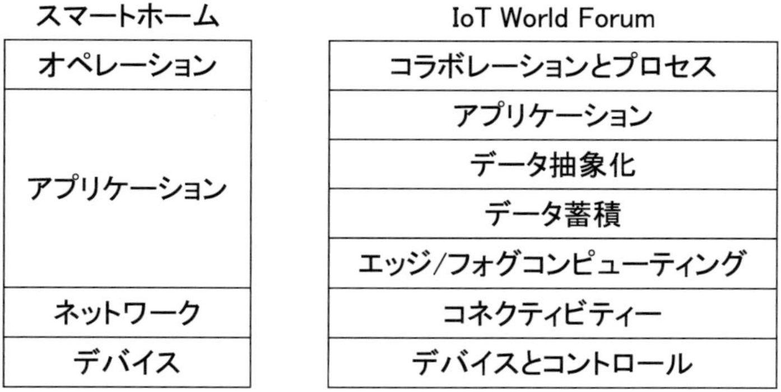

スマートホーム	IoT World Forum
オペレーション	コラボレーションとプロセス
アプリケーション	アプリケーション
	データ抽象化
	データ蓄積
	エッジ/フォグコンピューティング
ネットワーク	コネクティビティー
デバイス	デバイスとコントロール

賃貸住宅にスマートホームは必要なのか？

そもそも､賃貸住宅にスマートホームは必要なのかと問われると、必要最低限の生活をする環境を提供すればよいのであれば不要といえます。

執筆時現在のスマートホーム（IoT）業界は、既存の様々な規格に無理やり対応させている状態なので、時期尚早と言っても過言ではありません。

また、社会的にまだ認知されていないことを考えると、差別化要因とするためのハードルが高いのかもしれません。

しかし､早いからこそ差別化要因となるのであって､成熟期に入ってしまえば、どの賃貸住宅にも搭載されて競争が激化してしまうのは目に見えています。

そのため、早い段階で導入して経験値を積んでおけば、成熟期に入ってもコストパフォーマンスのよい方法で導入し、さらに差別化できるデバイスを選定することができるようになるはずです。

よく考えて欲しいのが、数年前はまだ賃貸物件に無料インターネットサービスが導入されることが珍しく、先駆けて導入することで物件の差別化を行うことができたはずです。

そして､これに目を背けた物件は空室が埋まらなくなり､今になって競争力がなくなってしまったことに気づき、あわてて導入している状況です。

執筆時現在、様々なメーカーがデバイスを販売していますし、無料インターネット導入業者のイーブロードコミュニケーションズ株式会社が IoT 導入サービスを開始しました。

無料インターネットと親和性の高い IoT は、無料インターネットサービスの延長線として今後展開されていくことが考えらるので、他社も含めて提供サービスの動向には注意しなければなりません。

2　スマートホームは自分で導入できるのか

実は IoT 機器の設置はめっちゃ簡単です！

前項では理屈っぽくスマートホームと IoT について説明しました。

理系の分野なので、基本的なことを説明するとどうしても論理的に説明せざるを得ない部分が多いので、この部分で拒否感を発動する人や面倒と思う人も多いかと思います。

しかし、ちょっと待ってください！　仕組みは確かに論理的に考えなければならない部分が多いのですが、実際に設置する点についてはポイントさえ抑えれば簡単にできるのです。

私からすると、こんな作業を業者に依頼して設置手数料と管理費を毎月払うのが馬鹿らしく思えるくらい簡単なのです。

最初に完成形を見せると、「すごい！」「どうなっているの？」と感情的に言う人が多いのですが、１つひとつのステップのハードルはめちゃくちゃ低いのです。

例えるなら、完成形として出された料理（例：グラタン）があったとします。

普段料理しない人に「これとまったく同じものをつくれ」と言いうと無理なはずです。

なぜなら、材料と調理手順がわからないからです。

しかし、料理をつくるためのレシピがあれば、おそらく基礎教育の家庭科の授業をキチンと受けていればできるはずです。

これと同じことです。さすがにパソコンやスマートフォンを使ったことがない人は無理かもしれませんが、それなりにコンピュータを触ったことがある人であればデバイスの設置は難しくないのです。

デバイスを導入できるか？

デバイスを入手する方法は簡単で、Amazonや楽天で注文することができます。

ほとんどのデバイスは市販されているものをかき集めて、組み合わせるだけなのです。

どこかの企業に委託して、デバイスを設計したり製造依頼したりするわけではないので安心してください。

問題はこれらのデバイスをキチンと設定して、意図した状態にもっていけるかです。

この点については、必ず自宅で実験して利用してください。

なぜなら、実際に利用してみなければ使い物になるのか、本当に便利なのか、トラブルにならないか判断できないからです。

また、実際に使ってみなければわからないことが結構あったりするものです。

実は、新築３棟目に電動のロールカーテンをIoT化させて、音声コントロールする仕組みを導入予定でした。

しかし、自宅で実験して体感したのが、単身向けではあまり利用する機会がなく、コストパフォーマンスが悪いデバイスになることに気が付き、導入を中止した経緯があります。

単身者であれば、ロールカーテンはほぼ下ろしたままの生活になります。

ロールカーテンを上げるのは窓を開けるときになりますが、窓を開けるために現地まで行くのであればロールカーテンも手動で開けてしまえばよいという結論に至ったのです。

この結論に至るには、サンプルとしてデバイスを１つ購入して、実際に利用して初めて実感することなので、導入予定のデバイスは必ず自宅でテストを行うようにしています。

ネットワークを導入できるか？

スマートホームを導入するにあたって１番のハードルは、ネットワークの導入です。

自宅に光回線をひいてルーターを設置してパソコンやスマートフォンを接続できる状態にセットアップしたことのある人はたくさんいるかと思いますが、作業としてはこの延長線であり賃貸物件として利用するために詳細にセットアップするだけなのです。

もちろん、導入するネットワーク機器も多岐にわたり、それぞれキチンと設定しなければなりません。

そのため、ある程度のネットワーク知識が必要になります。

もし、この作業ができないということであれば、第三者や業者の力を借りることになりますが、大手無料インターネット業者では対応できない可能性があります。

無料インターネット業者は、管理しやすくするために都合のよい設定を行っているので柔軟な対応をしてくれません。

もし、業者に依頼するなら大手業者ではなく地場の中小企業にIoTを導入することを前提に工事・設定の依頼をしてください。

手っ取り早く、弊書を業者に見せてこのとおりやってくれと依頼するのが一番簡単かもしれません。

ただ、できることなら自分で勉強して自分で導入できるようになってください。

IoTデバイスはネットワーク機器の設定を指定する場合（ある種の機能はトラブルになる可能性がある）があるので、自分で設定できるくらいのレベルになって欲しいと思います。

設定作業が難しいのではと思われるかもしれませんが、必要な機能を取捨選択して、この機能をONにする、OFFにする、設定数値をこれにする、その程度作業です。

自分で導入する優位性

自分で導入する優位性はやはりイニシャルコストとランニングコストを削減できる点です。

例えば、インターネット工事を後から業者に依頼した場合、工事費に加えて機器代、設定代がかかります。

しかし、建設中に電気屋さんに各部屋に LAN 配線や電源工事さえしてもらえば、自分で機器を取り付けし設定することでできてしまいます。

また、ランニングコストは自分でやれば NTT の回線料やプロバイダ料金のみで済みますが、業者に依頼すればさらに管理料が上乗せされます。

乱暴な言い方をすると、インターネット設備の管理料なんてものは、業者の権利収入みたいなものです。

一度設定してしまえばトラブルの発生は機器のフリーズか経年劣化でもしない限り発生しません。

フリーズが発生した場合は、機器のコンセントの抜き差しで強制的に再起動させることになるのですが、機器を自動的に再起動させる仕組みを導入すれば現地に行く手間はかかりません。

つまり、このランニングコストは自分で管理すればかからないようにできる部分なのです。

わからない、できないと安易に考えて業者に依頼するのではなく、まずは勉強して自分で導入するチャレンジから始めてください。

仮に不注意で設定に失敗したところで入居者の命が脅かされることはないはずです。

このコスト削減余地を改善するために、自分で勉強し試行錯誤・創意工夫すればいくらでも削減できるので、努力次第ではランニングコストを下げて実質的な利回りを向上させることができます。

3　デバイスについて

デバイスの分類

IoT業界ではデバイスに明確な分類基準があるわけではないのですが、スマートホームを構築するにあたりデバイスを分類して設計を考えなければなりません。

なぜなら、どのデバイスがどんな役割を果たしているのかを理解しなければ、機能が無駄に重複したデバイスを設置することになりかねないからです（もちろん、敢えて重複させることもあります）。

管理デバイス（アプリケーション用デバイス）

管理デバイスとは、ヒトが他のデバイスに指示を出しレスポンスを求めるためのデバイスです。

スマートスピーカーやスマートフォンが該当します。

これがなければ、M2Hの環境を構築することはできないので、スマートホームには必要なデバイスとなります。

たとえM2Mのみの環境だとしても、初期設定時には必ず必要となります。

ゲートウェイデバイス（ネットワーク用デバイス）

ゲートウェイデバイスとは異種ネットワーク間で相互接続するためのデバイスです。

例えば、通信手段が赤外線やBluetooth、DECT、ZigBee等で通信できる場合は、対応するゲートウェイデバイスを設置することで無線LAN経由の制御が可能となり、特に赤外線リモコンを採用している格安な家電をIoTデバイス化するために役に立ちます。

センサーデバイス

センサーデバイスとは、温度や湿度、照度、人感などを計測・検知するためのデバイスです。

このデバイスがなければ室内の状況判断ができないので、条件指定による制御ができません。

センサーデバイス単体は商品として存在するのですが、温度や湿度、照度、人感であればゲートウェイデバイスに内蔵されていることが多いです。

特殊条件（窓の開閉等）の検知が必要な場合のみ専用のセンサーデバイスを設置します。

アクションデバイス

アクションデバイスとは、何かしらの作業を行うデバイスのことです。

執筆時現在、家電製品に IoT 機能が内蔵したものを除くと下記のようなデバイスがあります。

・スイッチ・ボタンデバイス（ボタンのオン・オフ）
・スマートプラグ（コンセントのオン・オフ）
・照明デバイス（オン・オフ、調光）
・カーテン・ロールカーテンデバイス（開閉）
・室内カメラ（室内確認・撮影）
・Amazon Dash Button（商品の注文）
・スマートロック（玄関扉の施錠・解錠）
・スマートミラー（スキンケア分析、情報表示）
・セットトップボックス（映像視聴）
・スマート窓センサー（戸締り確認）
・スマートプログラムアラーム（アラーム）

オブジェクトデバイス

オブジェクトデバイスとは、元々IoT化や他のデバイスに接続することが前提ではないデバイスのことです。エアコンや扇風機のような家電製品が該当します。

最近ではデバイスやネットワークに直接接続することができるテレビやエアコンなども出てきましたが、接続することが前提ではない製品が殆どです。

しかし､テレビやエアコンのリモコンは赤外線方式なので､スマートリモコンをゲートウェイデバイスとすることで、遠隔操作が可能となります。

市販品デバイスの残念な点

これらのデバイスは市販品を使うことでコストダウンし、設計時に取捨選択がしやすく設置がデバイス個々で完結するメリットがあります。

しかし、逆に個々で完結するが故に、操作方法も個々で違うのでアプリケーションが統一できないデメリットがあります。

例えば、エアコンや給湯器、テレビドアホンを外出先から操作するには、それぞれ専用のアプリをスマートフォンにインストールする必要があり、利用者は一元操作ができません。

これらの商品は､主にコンシューマ向けに販売されているもので､スマートホーム専門業者が提供しているパッケージ商品とは違うのです。

業者の商品を採用すれば解決しますが、コスト面での優位性がなくなるので、入居者には操作方法を説明する手間が発生します。

今後はECHONET（エコーネット）のような通信プロトコルが普及すれば、自前で一元操作が実現するかもしれません。

４　スマートホームの設計

実現したい機能は何か？

スマートホームを設計するにあたり、どのようなサービスを提供するのかを考えなければなりません。

当たり前ですが、これが決まらなければ導入するデバイスを選定することができません。

室内だけで操作できればよいのか、外出時に遠隔操作できたらいいのか、5W1Hを意識してどんな状況時に便利な機能を提供するのかをよく考えなければなりません。

サラリーマン大家であれば、入居者の生活スタイルを想像できるかと思いますので、サラリーマン特有の不便な点を考えるとヒントになるかもしれません。

この設計作業はできることなら、アパートの間取りを考える際に同時進行で考えるようにしてください。

なぜなら、家具家電の配置を意識した間取りでなければ、デバイスの設置場所が決まらないからです。

デバイスの設置場所が決まらなければ、電源確保のためのコンセントを設置することができません。

また、せっかく案が出ても間取りの物理的な制限のために断念せざるを得ない場合があります。例えば、間取りの死角となるようなところには赤外線は届きません。

設置するデバイスも本当に必要な機能なのかどうなのかもよく考えてください。

デバイスをたくさん取り付けると管理が面倒になります。

稼働率の低い機能を高コストで提供してもあまり意味がなく、利回りを下げる原因となってしまいます。

在室時の音声操作

執筆時現在、Amazon や google、LINE などのメーカーからスマートスピーカーが発売されています。

このスマートスピーカーは、音声で指示することで何かしらのレスポンスを返すのが役割です。

例えば、「・・・、天気を教えて」と言えば現在地の天気を教えてくれますし、スキル（Amazon）やアプリ（google）を追加することで機能を追加することができます。

このスマートスピーカーを利用して各デバイスに指示する方法は２つあります。

①デバイスメーカーから提供されているスキルを利用

元々スマートスピーカーに対応したデバイス（エアコンや給湯器）であるなら、メーカー側が専用のスキルを提供しています。

〔図表 47　メーカースキル利用イメージ〕

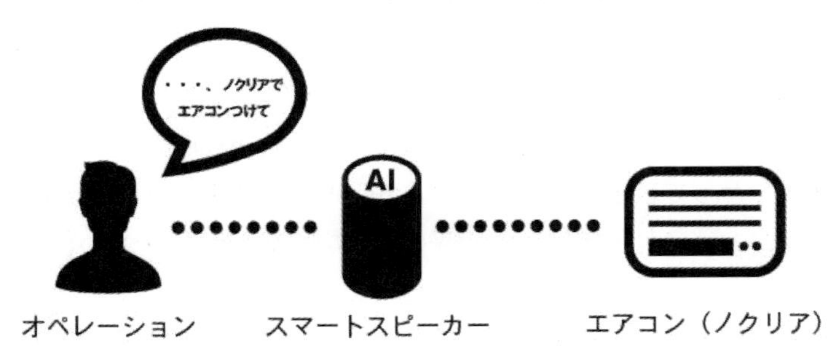

そのため、スマートスピーカーにスキルを設定するだけでデバイスを利用できるようになります。

ただし、この場合は音声指示するフレーズに「・・・、○○○（スキル名）で△△△して」のようにスキル名を途中に入れなければならないので注意が必要です。

②スマートリモコンを利用（エアコン・テレビ）

スマートリモコンとは、スマートフォンアプリ経由やスマートスピーカー経由で登録済みの赤外線信号を発信するゲートウェイデバイスです。

スマートスピーカーと連携することで、音声で登録した信号を発信することができます。

〔図表48　スマートリモコンイメージ〕

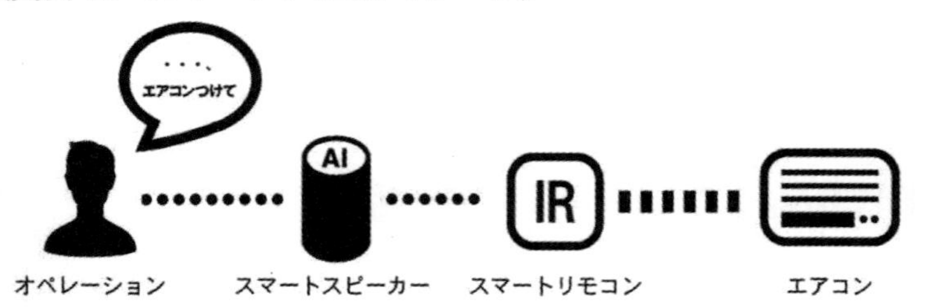

この方法であれば、赤外線リモコンで操作するデバイス（家電）を直接無線LANに接続する必要はなく、音声操作が可能となります。

注意点として執筆時現在、スマートリモコン経由の操作はテレビとエアコンはフレーズにスキル名を言わなくても操作でき、それ以外のデバイスは基本的にON/OFFのみになります。

リモコンボタン信号をスマートリモコンに学習させて操作することはできますが、前述のメーカースキル利用時と同様にフレーズにスキル名を入れなければなりません。

余談ですが、テレビとエアコンにスキル名が不要になったのは2018年からで、以前はON/OFF以外の操作の場合はスキル名が必要でした。

もしかしたら、今後は他のデバイスでもスキル名の発言が不要になるかもしれません。

外出時の遠隔操作

外出時のデバイス操作はスマートフォンのアプリで操作することが前提となります。

IoT対応型のデバイス（家電）であればメーカーからアプリが提供されているのでこれを利用しますが、問題はIoT非対応型のオブジェクトデバイス（家電）を操作する場合です。

スマートリモコンのアプリを利用すれば外出時でも赤外線信号を発信できるので操作は可能です。

しかし、市販されているスマートリモコンはコンシューマ向けのため、アプリ上では登録してある信号情報の設定変更が可能になってしまいます。

そのため、入居者による故意または過失によって変更されてしまう可能性を考慮する必要があります。

アプリ側で設定変更ができないようにする方法があればよいのですが、そのような機能が現状ではないので入居者にアプリを公開すべきではないと考えます。

スマートリモコンはスマートホームのキーデバイスなので、もし仮に入居者によって信号情報を削除されてしまうと、室内でも音声操作ができないことになってしまいます。

このトラブルを回避するために、外出時の遠隔操作はスマートリモコンを使わずにメーカーアプリによる操作を条件とし、設置するデバイスはメーカーアプリが提供されている IoT 対応型のデバイスの中から選定することになります。

新築３棟目のスマートホーム設計イメージ

〔図表 49　設計したスマートホームイメージ〕

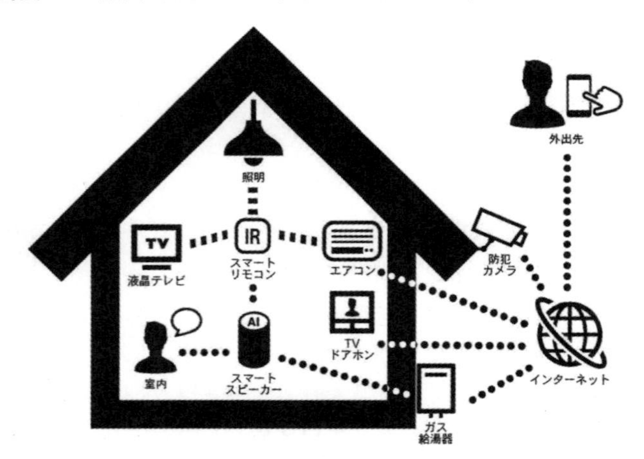

〔図表 50　在室時と外出時の操作〕

操　作	内　容
在室時の音声操作	（スマートスピーカー直接） ・ ガス給湯器 （スマートリモコン経由） ・液晶テレビ ・エアコン ・照明
外出時の遠隔操作	（スマートフォンアプリ経由） ・防犯カメラ ・エアコン ・TV ドアホン ・ガス給湯器

室内のどこにデバイスを設置するのか？

①建設現場でスマートリモコンのテスト

スマートリモコンを中心とした赤外線ネットワークを利用する場合、必ず建設中に通信テストを行います。それも２回です。

この作業を行う理由は、赤外線が届かない場所にデバイスを設置することを防ぐためです。

１回目は電気工事前の状態で各デバイスをどこに設置するか位置決めします。

なぜなら、この段階で通信テストを行わなければデバイスの電源設置場所を決めることができないからです。

デバイスを設置したい場所が決まったら、実際に設置予定のスマートリモコンを動作させてテストするのですが、その際に次の物が必要になります。

- スマートフォン
- スマートリモコン
- モバイルバッテリー
- モバイルルーター
- <u>赤外線リモコン付電池式 LED 照明（図表 51）</u>
- 両面テープ

〔図表 51　赤外線リモコン付電池式 LED 照明〕

これらを用意して、擬似的にスマートホーム環境を構築してテストを行います。

スマートフォンはスマートリモコンを操作するために利用します。

また、この段階ではスマートスピーカーは不要です。

なぜなら、スマートリモコンのアプリでON/OFFを操作すれば事足りるからです。

モバイルバッテリーはスマートリモコンの電源用に使います。

モバイルルーターは、インターネットに接続する無線LAN環境が必要となるので、アクセスポイントの代替品として利用します。

赤外線リモコン付電池式LED照明とは、乾電池で動作しリモコン制御ができる手のひらサイズのLED照明です。Amazonでキッチン用ライトのジャンルで販売しています。

この照明をデバイス（テレビ・天井照明・エアコン）と見立てて赤外線が届くのかをテストするのです。

LED照明のリモコン信号をスマートリモコンに登録し、LED照明をデバイス設置予定箇所に両面テープで固定します。スマートリモコンからの赤外線が届けば点灯して確認ができます。

赤外線は電波と違い直線状に発信するため、遮蔽物があると届かないことになります。

そのため、私はスマートリモコンを天井に設置しています。
天井であれば間取りの死角を除くと遮蔽物がないので、赤外線が届くからです。

２回目は、石膏ボードが貼られ実際に壁がある状態で行います。

１回目は壁がなく柱だけのスケルトン状態なので、本来壁がある箇所を無視して赤外線が通過していた可能性があるからです。

壁がつくられる場所は図面があれば想像できるので、本来であればこのようなミスはないかと思いますが、念のためテストを行います。

〔図表52　建設時スマートリモコンのテスト〕

②デバイスの固定化

デバイスの設置場所が決まると、今度はどうやって固定化するかを考えなければなりません。

内装工事が完了次第、自分でデバイスの固定を行います。

スマートリモコンは赤外線が遮蔽されない位置に設置しなければならないので、動かないように固定化する必要があります。

しかし、スマートスピーカーは無線LAN接続なのでどこに設置してもいいのではと思われるかもしれません。

もちろんそれでも構わないのですが、入居者の不注意によって紛失や壊されてしまう可能性を考慮して、固定化して移動できないようにする必要があります。

「図表49　設計したスマートホームイメージ」で設計した内容で、後から自分で固定しなければならないのは、スマートスピーカーとスマートリモコン、液晶テレビぐらいなので、専用の金具やホルダー、両面テープで固定化してしまいます。

固定化してしまうことで、デバイスはTVドアホンやエアコンのように部屋の備品であることを印象付けることができ、トラブルの防止にもなります。

IoTデバイス用電源の確保

デバイスの設置場所が決まり次第、今度は電源の確保方法を考えます。

設置するデバイスの電源に合わせて100VコンセントなのかUSB5Vコンセントなのかを調べて、電気屋さんにコンセントを設置してもらいます。

設置するデバイスが多くなればなるほど、細やかな指示が必要になります。そのため、電気屋さんと一緒に現場でどうしたいのかを打ち合わせしなければなりません。

指示漏れを防ぐために、そして自分自身も仕様の整理をする意味も込めて必ず電気配線図に仕様を書いて抜け漏れを防ぐようにしています。

この作業に失敗すると、電源ケーブルを延ばして見栄えが悪く

〔図表53　電気配線図に記入した依頼事項〕

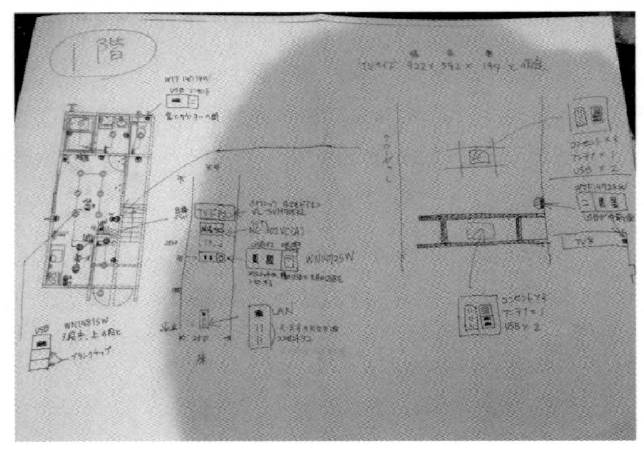

なったり、最悪デバイスの設置が不可能になったりする可能性があるので、必ず現場で説明するようにします。

キーデバイスのトラブル対策

「図表49　設計したスマートホームイメージ」の中でキーデバイスとなるのがスマートスピーカーとスマートリモコンです。

この２つのデバイスがスマートホーム構想で中心的な役割を果たしています。

そのため、トラブルが発生すると他のデバイスの操作ができなくなる可能性があるので、事前にトラブルを想定して対策を講ずる必要があります。

デバイスのトラブルで想定できるのは、人的ミスとして設定変更されてしまう点と、ハードウエアによる不具合の２種類です。

人的ミスについては、後述する「9 管理会社と入居者に対する指導」で詳しく説明しますが、入居者に口頭説明だけでなく覚書で設定変更やるなよ？　と釘を刺しておきます。

ハードウエアによる不具合（例：フリーズ）については、手っ取り早いのがパソコンと同じように電源を抜き差しして強制再起動させることです。

しかし、天井に固定化したスマートリモコンの電源を抜き差しするのは大変です。そのため、事前に電気屋さんと相談して壁スイッチで電源コンセントをON/OFFできるような回路を組んでもらいます。

スマートリモコンだけではもったいない回路となってしまうので、スマートスピーカーの電源コンセントも連動させます。

この回路があれば、入居者から音声で操作できなくなったと連絡があっても、壁スイッチを操作してON/OFFをオペレーションすることで、現地に行く手間を省くことができます。

〔図表 54　再起動ボタンを設置したコンセント〕

各種テスト手順方法

①単体テスト

実現したい機能の選定が終わったら、実現したい機能を提供するデバイスを必ず１つずつ購入して自宅で思った通りの機能を実現できるかテストします。

これを単体テストと言い、デバイス単体でキチンと想定している機能を果たせるかテストします。

もちろん、エアコンや給湯器など設置が難しいものについては、現地で設置後テストすることになりますが、テスト作業が自宅でできるのであれば事前に行います。

②結合テスト

結合テストとは、単体テストが完了後に複数のデバイスを通して連動した機能が果たせるかをテストすることです。

例えば、「音声でテレビを操作する」機能を提供する場合、各デバイスが一連の動作を問題なく実行することをテストします。

結合テスト作業を怠ると、こんなはずではなかった！　と思うような想定外なことはよくあることです。

実際に結合テスト時に発生したのですが、エアコンとアセスポイ

〔図表 55　結合テストイメージ〕

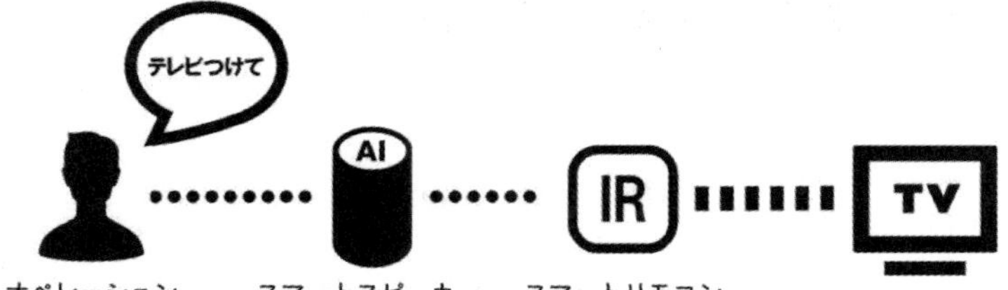

ントの接続で本来であればお互い通信できるはずなのに、エアコン側の不具合によって通信ができなかったことがありました。

このように、デバイス単体では正常でも他のデバイスと連携した動作となると、うまくいかないことは往々にしてあるので、必ず結合テストは行わなければなりません。

③総合テスト

総合テストとは、実際に入居者の生活を想定したテストを言い、必ずアパートの居室内で行います。

例えば、入居者の生活を想定してテレビがONの状態で、前述の「音声でテレビを操作する」機能を利用して音量やチャンネル操作をしてみます。

テレビのスピーカーから音声が出ている状態でスマートスピーカーに指示を行い、指示内容を遂行できるかをテストします。

このように、入居者が実際に住んでいるかのように室内環境に対してストレス（雑音や室温など）をかけて、それでも正常に動作させることができるのかをテストします。

単体テストや結合テストは自宅でテストを行いますが、総合テストについてはアパートのネットワーク環境を利用してデバイスとネットワークの間に問題ないこともテストします。

5　実際に設置したデバイス

スマートスピーカー

スマートスピーカーは音声操作デバイスとして利用します。

スマートスピーカーの選定基準は、スマートホームとして実現したい仕様を満たせるかが条件となります。

現在メジャーなスマートスピーカーは「Amazon Echo（Alexa)」、「Google Home（アシスタント)」、「LINE Clova」の３種類ですが、私が選んだデバイスは「Amazon Echo Dot」です。

〔図表 56　Amazon Echo Dot 第 2 世代（壁設置)〕

- デバイス名
  Amazon Echo Dot 第 2 世代
- デバイスの種類：管理デバイス
- 接続方法：無線 LAN
- 電源：USB5V（MicroUSB)
- 価格：実売価格 3,240～5,980 円

理由は、私がデバイスを選定した当時（2018 年頭）は Alexa のほうが他のスマートスピーカーよりも対応しているデバイスが多かったからです。

当時はスマートリモコンでエアコンを操作できるのは ON/OFF しかできなかったので、スマートスピーカー対応型のエアコンに頼るしかありませんでした。

そのため、当時スマートスピーカー対応型エアコンはダイキン製エアコン（risora）しかなく、Alexaのみ対応だったのでAmazon Echoとrisoraを選定しました（実際には予算が合わず富士通製エアコンに変更）。

スマートホーム構想の仕様は音声でエアコンを操作できることを条件としていたので、選択の余地がなかったのです（risoraは執筆時現在、Google Homeに対応しています）。

エアコンを設置した頃にちょうどスマートリモコンがエアコンに対応し、ON/OFF以外にも温度設定や冷房/暖房切り替えなど付属リモコンと同等の機能が利用できるようになりました。

そのため、スマートホーム仕様を変更して室内ではスマートリモコン経由での操作にしたのです。

私がスマートホームを計画していた当時はIoTの黎明期なので、何度も機能が後から追加されていった経緯があり、それに応じて仕様を変更しています。

執筆時現在、第3世代の「Amazon Echo Dot」が発売になりましたが、電源がUSB5VではなくACアダプター（100Vコンセント）に変更になりました。

USB5V電源であれば事前に壁埋め込み型のUSBコンセントを用意しておけばすっきりさせることができますが、ACアダプターそのものを隠すのは難しいので、ACアダプターやコードをうまく隠す方法を考えなければなりません。

設置場所は無線LANが届くのであればどこでも構わないのですが、TVの音などで音声指示を阻害されないように注意しなければなりません。

また、Echo Dot本体には音量などを操作するボタンがあるので、なるべく手の届くような場所に壁付けにすることですっきり見せることができます。

スマートリモコン

Remo mini は、オブジェクトデバイスを赤外線で操作するためのゲートウェイデバイスです。

〔図表 57　Nature Remo mini（天井設置）〕

- デバイス名
  Nature Remo mini
- デバイスの種類
  ゲートウェイデバイス
- 接続方法：無線 LAN、赤外線
- 電源：USB5V（MicroUSB）
- 価格：実売価格 6,458〜9,698 円

スマートリモコンは色々なメーカーが発売していますが、私が Remo mini を選んだ理由は「小さく軽い」「白い」「壁掛け」「スキル」にあります。

他社製品はスマートスピーカー同様に据え置き型ですが、この製品は壁掛けを前提にしています。壁掛けにして固定することで紛失リスクを回避できます。

また、赤外線は電波と違い直線状に発信しますが、Remo mini は放射状に発信するので、デバイス間が直線的に視認できるようであれば信号は届きます。

ただし、それでも 100％死角がないわけではないので、壁か天井に設置することで死角の影響をなくすようにします。

私の場合、電気屋さんに依頼して天井に USB コンセントを設置しています。

コンセントパネルの上中段はブランクチップで埋めて、下段に USB コンセントを設置することで Remo mini を両面テープで固定するスペースを確保しています。
小さく白い特徴を活かすことで壁や天井に設置しても違和感がなく、極力内装デザインを損ねないようにします。
スマートリモコンをAlexaに対応させる場合、「カスタムスキル」または「スマートホームスキル」に対応させる必要がありますが、Remo miniは両方対応することができる珍しい商品です。
「カスタムスキル」とは、デバイスメーカー独自のスキルのことです。
スマートホーム機能のないデバイスに対して多種多様な指示を出すことができるスキルですが、スキル名を事前に言わなければならないのがデメリットです。
他社製品の例を挙げると「アレクサ、"学習リモコン"で照明をつけて」となり、指示フレーズが長くなってしまいます。
Remo miniの場合は、スキル名が「リモ」なので、「アレクサ、"リモ"で照明をつけて」と他社製品と比べてフレーズが短くなるのが特徴です。
「スマートホームスキル」とは読んで字のごとくスマートホーム専用のスキルです。
「アレクサ、照明をつけて」と言えば照明をONにすることができます。
ただし執筆時現在、テレビとエアコンは音量の上下や設定温度の上下のような諸々の操作ができるのですが、その他のデバイスはON/OFFしか対応していません。
そのため、照明のようにON/OFFしかないデバイスを操作する場合はよいのですが、量の上下などの設定が必要な場合はRemo miniの「カスタムスキル」を利用するか、デバイス側が提供している「スキル」を利用しなければなりません。

TV ドアホン

TV ドアホンの選定条件として、外出時にスマホで対応できる製品を探していました。

対応できるデバイスは当時、Panasonic にしかなく商品が非常に限られていました。

〔図表 58　外でもドアホン（VL-SVH705KL)〕

- デバイス名：Panasonic 外でもドアホン（VL-SVH705KL）
- デバイスの種類：アクションデバイス
- 接続方法：無線 LAN、有線 LAN
- 電源：100V
- 価格：実売価格約 45,000 円

機種は VL-SVH705KL と VL-SGZ30K（実売価格 23,000 円）の２択になります。

コストパフォーマンスのことを考えると VL-SGZ30K のほうがよいのですが、親子機間の接続が無線タイプのため子機には定期的に電池交換が必要になりますし、親子機の間にホームユニットと呼ばれる中継器を設置しなければならないので、壁付けのデバイスが増えることになります。

一方、VL-SVH705KL は親子機間の接続が有線のため、無線と違いノイズ等の干渉がなく安定するメリットがあります。

そのため、VL-SVH705KL を選択することで、後々のトラブルを回避するためにこの商品を選びました。

この商品の特徴は、子機のインターホンボタンを押すとスマートフォンに通知が来て、そのまま子機のカメラからライブ映像を見ることができます。

スマートフォンアプリ上に表示されている「通話」ボタンをタップすると、スマートフォン－子機間で通話することができます。

この仕組みを利用すれば、不在時でも来客応対ができますが、不在時に応対の必要があるの？　と思われるかもしれません。

実は宅配業者が来た場合、非常に便利なのです。

例えば、不在時に配達に来ても、「宅配 BOX に入れてください！」と言えますし、仮に宅配 BOX が埋まっていても、「○時に帰ってくるからそれ以降に再配達お願いします」と意思疎通することができるのです。

この TV ドアホンと宅配 BOX の組み合わせは、実は社会貢献だと思って導入しました。

昨今の宅配業界は、Amazon や楽天のような通販の利用が多くなったことで人手不足となっています。

私も、通販のヘビーユーザーなので、ドライバーが大変そうなのはよく感じていますし、この新築３棟目は単身向けなので、荷物の受取りはファミリーや戸建と違い大変なはずです。

それを何とかして軽減してあげたいと思い、この仕組みを全部屋に導入しました。

宅配 BOX

TV ドアホンとの組み合わせた活用をするために、宅配 BOX を設置しました。

〔図表 59　宅配 BOX コンボ ハーフタイプ (CTNR40309)〕

- 商品名：Panasonic
  戸建住宅用宅配ボックス　コンボ
  ハーフタイプ
- 外寸：幅 390×奥行 225×高さ 590mm
- 内寸：幅 340×奥行 150×高さ 500mm
- 価格：実売価格　約 32,800 円

宅配 BOX を設置するにあたり、下記の条件に該当する商品を探しました。

・暗証番号ではなく鍵方式であること
・押印できること

鍵方式にこだわった理由は、2018 年 11 月に東京と埼玉で宅配 BOX の中身が盗まれた事件が発生したからです。

手口は、暗証番号方式の宅配 BOX を狙い、暗証番号が記載された不在連絡票を抜き取って開錠していたのです。

この手口を防ぐためには、電子式か鍵方式を採用するしかありません。

今回はアパートの外壁にしか設置場所がなかったため、コスト的にも安価な戸建住宅用を各部屋に設置することで解決しました。

この商品は内部にシャチハタを設置することができるので、正面から伝票を挿入することで押印でき、宅配業者から敬遠されにくい宅配 BOX となります。

ガス給湯器用リモコン

新築アパートを建てる際はガス会社に給湯器の貸与をお願いしていますが、過去に機種の指定をすることはありませんでした。

しかし、お風呂も外出時に遠隔操作できることを条件としていたので、今回は機種の指定をさせてもらいました。

デバイス選定時に調べたところ、どうしても IoT 化が難しくスマートフォン対応するにはこのリモコンに対応した給湯器しか選択の余地がなかったのです。

ガス会社と相談したところ、給湯器本体は貸与してもらましたが、オプション扱いのこのリモコンは自費購入で折り合いがついたので、このリモコンと給湯器の組み合わせで導入を決定しました。

〔図表 60　Rinnai MBC-302VC(A)〕

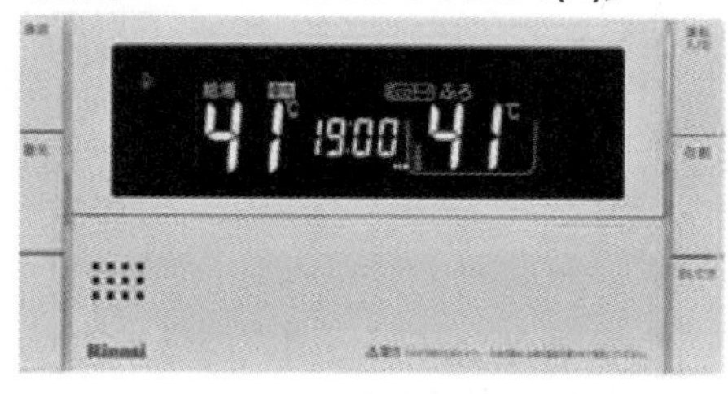

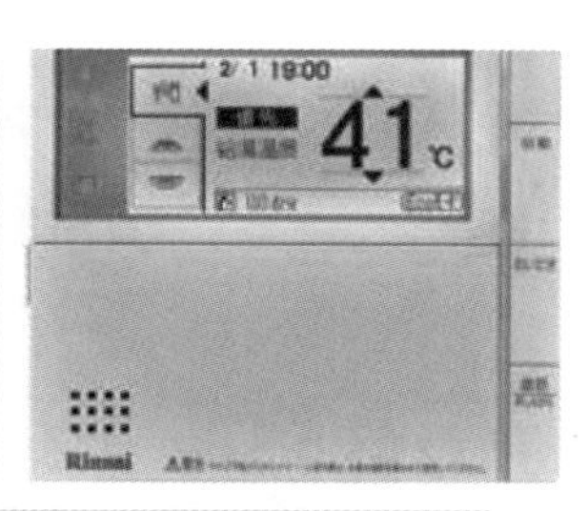

- デバイス名：Rinnai MBC-302VC(A)
- デバイスの種類：アクションデバイス
- 接続方法：無線 LAN
- 電源：給湯器本体から供給
- 価格：実売価格　約 25,000 円

このリモコンを導入することで、スマートフォン専用アプリ経由で遠隔操作が可能になります。

また、このリモコン発売当時はスマートフォンアプリによる遠隔操作のみでしたが、後日スマートスピーカーにも対応しています。

エアコン用無線 LAN アダプター

エアコンは外出先からの遠隔操作とスマートスピーカーによる音声操作に対応することを条件としました。

エアコンもガス会社から貸与してもらっていますが、給湯器同様に機種を指定させてもらいました。

当初はダイキンの risora シリーズを選んでいたのですが、本体価格が高いため貸与できないと言われてしまったのです。

そのため、代替機種を探したところ富士通ゼネラルのエアコンで無線 LAN アダプターを取り付けることで実現することがわかりました。

〔図表 61　富士通ゼネラル OP-J03A〕

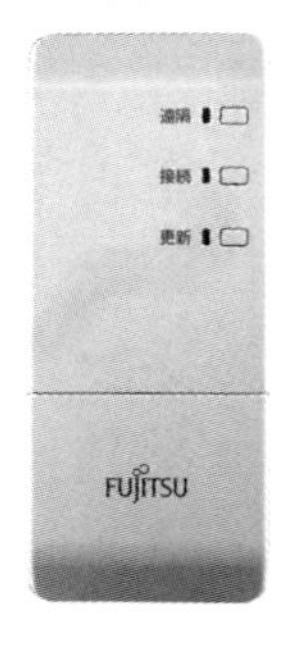

- デバイス名
  富士通ゼネラル　OP-J03A
- デバイスの種類
  ゲートウェイデバイス
- 接続方法：無線 LAN
- 電源：エアコン本体から供給
- 価格：実売価格　約 10,000 円

交渉の結果、給湯器同様にアダプターのみ自費購入してエアコン本体は貸与してもらうことに成功しました。

このデバイスを取り付け、メーカーが提供しているスキルを設定することでスマートスピーカーに対応します。

しかし、エアコン設置後、スマートリモコンのスマートホームスキルがエアコンに対応したので、スマートリモコン経由での音声操作に変更し、OP-J03A は外出時の遠隔操作時のみ利用することになります。

電子錠

〔図表62　UME　L!NKEY〕

- デバイス名
  UME　L!NKEY
- デバイスの種類
  アクションデバイス
- 接続方法：Bluetooth ※
- 電源：DC6V(単三電池×4本)
- 価格：非公開

※ IoT対応はオプション

私が新築3棟目に取り付ける電子錠には、図表63の条件を設定していました。

〔図表63　電子錠の設定条件〕

必須条件	・暗証番号で開錠できること ・物理キーで開錠できること ・電源は乾電池であること ・オートロック機能があること ・穴あけ不要であること
あればよい条件	・錠ケース交換不要であること ・Felica対応 ・IoT対応

最近よくある暗証番号付電子錠は、韓国メーカーの安物か国内メーカーの高額品のどちらかになります。

韓国メーカーの電子錠は穴あけが必要でハングル文字が表記されているので新築には向きません。

国内メーカーで有名なのはアルファ社のedロックですが､錠ケースを専用のものに交換しなければオートロックに対応できないのです。

当初はedロックを検討していたのですが、追加費用が１部屋あたり５万円、12部屋で合計60万円になります。

この費用を圧縮するために代替品を探していたのですが、東京で行われた賃貸住宅フェアで見つけたのがこのL!NKEYです。

このデバイスのすごいところは、edロックと比べて安価で必要な条件を満たしている点です。

最近のIoT連携できるスマートロックでよくあるのが、スマートフォンが鍵代わりになり手ぶらで施錠・開錠作業ができるデバイスがあります。

この手のデバイスは、室内側のサムターンに被せるようにして設置するので施工が簡単で安価です。

しかし、よく考えてください。スマートフォンを室内に置いたまま外出すると、オートロックがかかり中に入れなくなります。

また、スマートフォンを持って外出し、深夜帰宅時に外出先で紛失した場合も部屋に入れません。

鍵トラブルが発生した場合、入居者は管理会社に連絡して開錠してもらわなければなりませんが、連絡手段のスマートフォンが手元になければ連絡をすること自体ができないのです！

結果、入居者は外に締め出されて大変な状態に陥ってしまうことになります。

実際に新築３棟目の物件見学者から聞いた話では奥さんが外掃除のためにスマートフォンを置いて出てしまい、締め出されてしまったそうです。

室内に入れなくなり、どうしようもなくなり警察に助けを求める事態に発展したそうです。

実際に致命的なトラブル事例があるのですから、スマートフォンの紛失や手ぶらで出ても大丈夫なように対策する必要があります。

それが、レガシーな方法ではありますが暗証番号のように手ぶらで開錠できる手段となります。

電源が電池式にこだわる理由は、もしコンセント方式だと停電もしくは未払いによる送電停止になった場合、室内に入ることができなくなります。

外出中に電池の残量がなくなったとしても、外側から9Vの角型電池を当てればバックアップ電源となり開錠することができます。

スマートフォンによる遠隔操作（施錠/開錠）機能の有無についてはどちらでもよく、オートロックがあれば十分だと思っています。

何故なら、遠隔開錠しなければならないシチュエーションは単身物件であればほとんどないからです。

家族が連絡なしに訪ねてきた場合しか想定できないのですが、その場合は暗証番号を教えれば済みます。

他人や友人が訪ねて来たとしても、自分が不在なのに他人が部屋に上がるのは気持ち悪いと思いませんか？　私だったら不在時に人を入れることはしません。

唯一考えられるとすれば、宅配便が届いた際に開錠して玄関先に置いてもらうオペレーションも可能ですが、これも気持ち悪いので宅配ボックスで対応します。

なお、このデバイスはオプションのゲートウェイデバイスを取り付けることでスマホ経由での操作も可能になるので、後々IoT対応できる余地はあります。

セットトップボックスと 40 インチ TV（赤外線経由）

スマートリモコンを導入することで操作できるデバイスが多々ありますが、その中で入居者サービスとなるのが液晶テレビです。

特に、大型の液晶テレビを持ち込む単身者が少ないので非常に喜ばれます。

入居者が持ち込んだテレビを設定するのが面倒なこともありますが、液晶テレビを備え付けにすることで音声操作対応だけでなく、壁掛けにして部屋を広く見せるためです。

そのため､壁掛け予定箇所にはあらかじめコンセントとアンテナ、USB コンセントを設置しています。

壁掛け用に準備しておくと、テレビ本体でコンセントが隠れケーブルが垂れることなく綺麗に見せることができます。

壁掛けにして圧迫しないように見せるために、薄い金具を利用することで奥行をなくす工夫をしています。

テレビを設置するついでに Amazon Fire TV Stick も一緒に設置することで、Youtube や AbemaTV、TVer のようなネット配信サービスにも対応することができます。

〔図表 64　Amazon Fire TV Stick〕

- デバイス名
  Amazon Fire TV Stick
- デバイスの種類
  アクションデバイス
- 接続方法：　無線 LAN
- 電源：USB5V（MicroUSB）
- 価格：4,980 円

照明器具用スイッチ（赤外線経由）

新築アパートに設置する照明器具は、ダウンライトを設置する方法とシーリングライトを設置する方法の２種類あります。

完全に好みの問題になるのでどちらがよいということはないのですが、私はダウンライトを採用しています。

なぜなら､天井がスッキリしてカッコいいと思っているからです。

しかし､ダウンライトはリモコン化されているわけではないので、そのままでは音声操作することはできません。

そこで、Panasonic のとったらリモコンを利用します。

〔図表 65　Panasonic　とったらリモコン〕

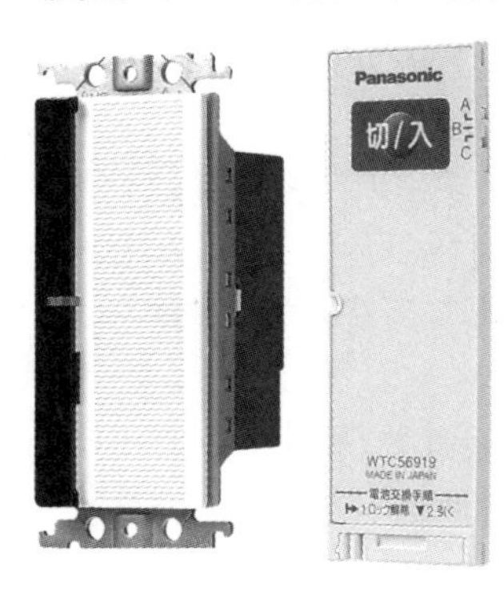

- デバイス名
  Panasonic　とったらリモコン
- デバイスの種類
  オブジェクトデバイス
- 接続方法：　赤外線
- 電源：100V
- 価格：実売価格約 4,000 円

このデバイスの本来の利用方法は、壁スイッチの代わりに設置し内蔵されている赤外線リモコンを使って離れたところからスイッチの ON/OFF を行うためのリモコン式のスイッチです。

このリモコンをスマートリモコンに登録することで、音声操作が可能になります。

リモコン付きのシーリングライトを利用する場合は、とったらリモコンを利用せずに付属リモコンをスマートリモコンに設定します。

壁埋め込み型USBコンセント

壁埋め込み型USBコンセントは各デバイスの電源供給用と入居者のスマートフォン充電用利用に利用します。

デバイス用に設置する理由は、スッキリ見せるためです。

USB充電器を利用すると、小さなデバイスでも全体的に大きく見えてしまいます。

また、USBケーブルが垂れる状況は見栄えが悪いので、Amazonで5cmのUSBケーブルを購入するなどの配慮をしています。

入居者向けに設置する場合は、入居者が室内でどんな生活をするのか考えなければなりません。

例えば、どこに座ってテレビを見るのか、どこにデスクを置くのか、どこにベッドを置くのかなどです。

デスクの前やベッドの枕元にUSBコンセントがあると、スマートフォンの充電が楽になるはずです。

しかし、コンセントは少ないのはよくありませんが、多ければよいというわけでもありません。

生活スタイルをよく考えて適材適所に設置する必要があります。

ちなみに、このUSBコンセントは実験的にトイレにも設置しています。長居することになっても大丈夫なように配慮しています。

〔図表66　Panasonic　USBコンセント〕

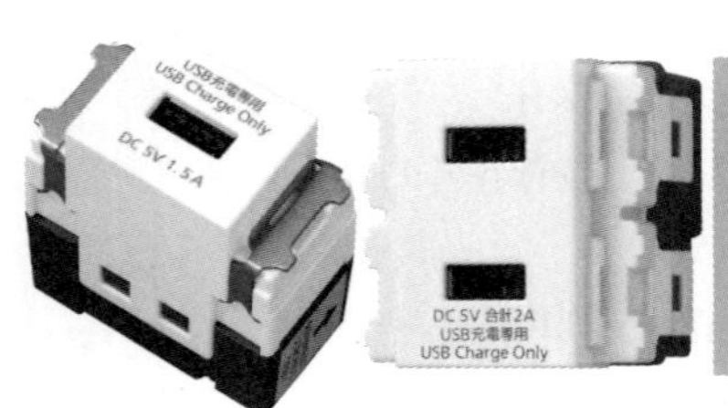

- 商品名：Panasonic
  埋込[充電用]USBコンセント
- 電源：100V→USB5V
- 価格：実売価格約3,500円

散水装置

DoValve は、タイマーと温度センサーが搭載されたバルブで、スマートフォンから開閉スケジュールを設定することができます。

新築3棟目では井戸を掘り消雪装置に利用していますが、夏場に運転させることで打ち水を行うことができます。

消雪装置には気温と降雪センサーがありますが、時間帯を指定することができないので、別系統の設備と配管が必要になります。

時間帯を指定する理由は、朝方と夕方が効果的だからです。昼間に打ち水をしたところで入居者が不在なら意味がありません。

また、温度センサーを利用することで、散水条件に気温を設定することができ、暑くないにも関わらず無駄に打ち水をするのを防ぐことができます。

取付は配管工事屋さんに依頼することになりますが、本体は電池動作するので電気工事が不要で単体で完結し、工事が簡単なのがメリットです。

共用部に無線 LAN アクセスポイントを設置し、無線 LAN 接続することで開閉ログをインターネット経由で確認することもできます。

〔図表 67　T&D DoValve DOV-25BT-TS〕

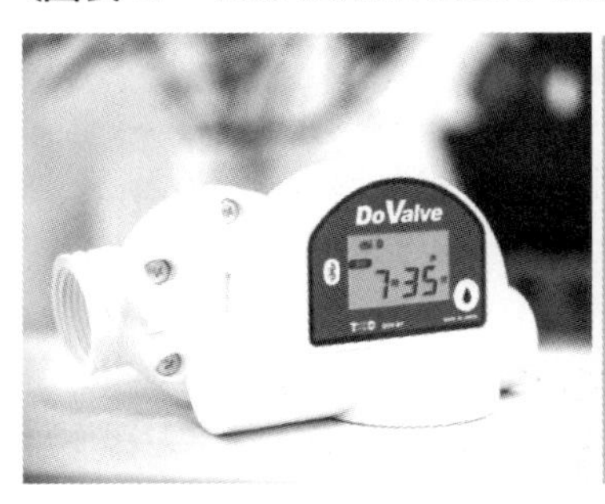

- デバイス名
  T&D DoValve DOV-25BT-TS
- デバイスの種類
  アクションデバイス
- 接続方法:Bluetooth 無線 LAN
- 電源：リチウム電池（CR123A）
- 価格：27,000 円

6　ネットワークインフラの設計

ここからは、無料インターネット環境とIoTデバイスに必要なネットワークの説明になります。

ネットワークは多少専門的な知識が必要になる場合があるので、ハードルが高い場合は専門業者と相談してください。

インターネット回線

スマートホームを構築するには基盤となるネットワークインフラの構築が必要になります。

インターネット無料アパートはよくありますが、単に業者を入れてインターネットに接続できればよいというわけではありません。

インターネット導入業者を入れてしまうと業者管理となってしまうため、設定によっては都合が悪いことも起きてしまいます。

そのため、業者を入れる場合はキチンと打ち合わせしてネットワーク構成や各機器の設定を把握しておく必要があります。

できれば、自前でインターネット回線をひいてネットワークインフラまで構築したほうが自由な設定ができるのでおすすめです。

インターネット回線を自前でひく場合は、NTTの光回線かそれ以外の高速回線（NURO光 等）になるかと思います。

私の投資エリアは、NTTの光回線しかないため選択肢が限られてしまうのですが、NTTの場合は、光回線とプロバイダは別契約にするようにしています。

理由は、プロバイダ業者によって通信速度に差があり、契約当初は速くても業者の契約数が多くなるにつれて速度低下する可能性があるからです。

そのため、定期的に通信速度を監視し、柔軟にプロバイダの変更が行えるように別契約しておく必要があります。

光回線とプロバイダがセットになった光コラボレーション契約を利用すると多少ランニングコストが安くなりますが、プロバイダ契約を変更する場合は解約違約金が発生する場合があるので、別契約にすることをおすすめします。

インターネット回線は基本的には1回線をひいてそれを各部屋に分配する方式になります。通信が混雑する夕方以降は「速度が遅い！」というクレームが出る可能性があるため、回線速度には十分気をつける必要があります。

論理的 LAN 構成

賃貸住宅に構築するネットワークは、戸建ての一般家庭とは違い無線 LAN ルーターを設置して終わりというわけにはいきません。

入居者の利用頻度やセキュリティレベルに気をつけなければならないからです。

LAN を構成する上で気をつけないといけない点を説明します。

①隣部屋と通信ができないこと（VLAN）

戸建ての一般家庭と違いアパートは赤の他人が隣部屋に住んでいます。そのため、隣同士で通信ができないように配慮する必要があります。

例えば、パソコンの共有フォルダの中身を隣の住人が覗くことができるとセキュリティ問題に発展してしまいます。

そのため、各部屋のネットワークを分離して部屋同士の通信を遮断する必要があります。

そこで、VLAN（Virtual LAN）を利用して仮想的に LAN をセグメント分割します。

VLANには「ポートVLAN」と「タグVLAN」の２種類があります。

「ポートVLAN」はHUBのポートごとにセグメント設定を行う物理方式です。

「タグVLAN」は送信側（HUBやルーター）と受信側（アクセスポイント）に相互にIDを設定することでセグメントを分割する論理方式です。

アパートで利用するのは「ポートVLAN」を利用します。なぜなら、「タグVLAN」を採用すると各部屋のアクセスポイントも設定しなければなりませんが、「ポートVLAN」であれば対応するHUB側で一元管理が可能だからです。もちろん、各ポートの通信量も管理することができます。

②部屋内は無線LANが使えること（アクセスポイントの設置）

昨今のスマートフォンやノートパソコンのインターネット接続方法を鑑みると無線LAN接続が一般的です。

また、IoTデバイスをネットワークに接続する場合も無線LANで接続しています。

備え付けのIoTデバイスを無線LAN接続することを考えると、各部屋にアクセスポイントを設置しなければ安定した通信ができないと考えられます。

無線LANは有線LANと違い通信の安定性を確保するのが難しく、いかに途切れさせないかに尽きます。

また、導入コストを削減するために入居者にアクセスポイントを用意してもらうとなると、入居者にIoTデバイスを無線LAN接続してもらうことになるので、トラブルに発展する可能性が非常に高くなります。

最近は壁埋め込み式のアクセスポイントが販売されているので、アクセスポイントまで備え付けで設置し設定まで完了させておくことができます。

また、見た目をスッキリさせるメリットもあります。

③同一部屋内でデバイス間通信ができること（セパレート機能OFF）

隣部屋同士の通信は遮断しなければなりませんが、同一部屋内では通信できるようにしなければなりません。

なぜなら、IoTのM2Mに対応しなければならないからです。

具体的には、各デバイスはスマートフォンで設定するので、この２つが繋げないと何もできないのです。

そのため、無線LANルーターやアクセスポイントにあるセパレート機能（無線LAN同士の通信禁止機能）をOFFにする必要があります。

④各部屋の通信量を視覚化し通信帯域を設定できること（QoS）

アパートのインターネット回線は基本的に1回線を各部屋に分配しています。

そのため、一部の入居者が大量ダウンロード等を行い、ネットワーク帯域を圧迫して他の入居者にシワ寄せとなる事態は避けなければなりません。

対策として、各部屋の通信量を視覚化し必要に応じて通信帯域を制限する必要があります。

通信帯域の上限を設定するにはQoS（Quality of Service）を利用します。

この機能は、通信の優先制御と帯域制御を行う機能ですがアパートの場合は単純に帯域の制限を設けることができればそれで構いません。

帯域上限幅はインターネット回線をひいた後にスピードテストを行い、１部屋あたりの上限速度を設定すればよいです。

⑤ネットワーク機器がフリーズしても自動再起動できること（死活監視）

一昔前のパソコンやネットワーク機器でよくあったのが「フリーズ」です。

その際の対処方法は簡単で、人間が機器の電源ボタンやコンセントを抜き差しして再起動させます（これを死活監視といいます）。

その動作を人の手を使わずに自動的に行ってくれるのがリブーター（リセッター）という機器です。

最近はネットワーク機器の質がよくなったので、フリーズが起きることは滅多にありませんが、まったくないわけでもありません。

自前で無料インターネットを導入している大家さんの話では、年に１回ぐらいはフリーズなどのトラブルが起きて、その都度コンセントの抜き差しを行っているそうです。

そのため、必須機器というわけではなくお守り（保険）みたいなものですが、クレームが来る前に自動的に対処できる方が便利です。

特に遠方になればなるほど移動に時間がかかり面倒なので、必ず設置するようにしています。

リブーターは新築１～３棟目すべてに導入していますが、ネットワーク関係でのクレームは今の所来ていないので、この機器のおかげかもしれません。

⑥自宅からネットワーク機器をメンテナンスできること（VPN）

無料のインターネットのみを提供する場合、一度機器の設定を行ってしまえば後は放置で大丈夫なのですが、IoTサービスまで提供するとなるとそれなりに監視とメンテナンスが必要になります。

IoTデバイスやネットワーク機器から出力されるログや状況確認のために現地まで行くのは結構面倒だったりします。

そこで、自宅からアパート内のLANに接続するために、VPN

（Virtual Private Network）を利用して接続します。

VPN は LAN の外にある PC やスマートフォンを仮想的なトンネルをつくり接続する技術です。暗号化されているので盗聴されることもありません。

自宅の PC から VPN 接続した後、各ネットワーク機器やデバイス等に接続して監視・確認・設定を行うことができます。

⑦ IoT デバイスがインターネット側から操作できること（UPnP NAT）

入居者が外出先からスマートフォンを使って IoT デバイスを操作するために、インターネット側から LAN の中に接続する必要があります。

これを実現するために、３通りの方式があります。

・デバイスメーカーが提供しているサーバーを経由する

デバイス・スマートフォン間をサーバーが中継することで LAN ネットワーク制限を回避することができる。

例：富士通ゼネラルのエアコン、リンナイの給湯器

・ルーターの UPnP 機能を利用する

IoT デバイスとスマートフォンを直接接続する方式です。

ルーターが自動で接続処理をしてくれる機能です。

例：Panasonic 外でもドアホン

・ルーターの NAT 機能を利用する

IoT デバイスとスマートフォンを直接接続する方式です。

デバイスが使用するポート番号をルーターに前もって登録することで接続できる機能です。

例：Panasonic 外でもドアホン

NAT 機能を利用する場合は、設定に専門知識が必要になるのであまりおすすめしません。

なるべくサーバー経由かUPnP機能を利用できるIoTデバイスを選定することをおすすめします。

物理的LAN構成

無料インターネットを導入する際、ネットワーク構成は大きくわけて3方式あります。

単に無料インターネットを導入するのであればどの方式でも構わないのですが、スマートホーム環境を導入する場合は、各部屋にアクセスポイントまで設置しなければなりません。

①共用部にアクセスポイントを設置して入居者全員で共有

無料インターネットの構成の中で1番簡単で安い方法です。

入居者全員でアクセスポイントを共有するため、セパレート機能を有効にしなければ建物内でデバイス間通信ができてしまいます。

もし、セパレート機能を無効にすると悪意のある入居者からデータを盗聴されてしまう危険があります。

そのため、この方式では必ずセパレート機能を有効にしなければなりませんが、有効にするとIoTデバイス間の通信ができなくなるので、スマートホームには向かない方式になります。

②各部屋に有線LANを配線

各部屋に有線LANコンセントを設置する方式です。

そもそも、スマートホームを前提としたネットワークを構築しなければならないのに、IoTデバイスの接続ができない有線LAN環境を構築するのは設計上ありえない構成です。

この方法では、入居者が用意したルーターかアクセスポイントを設置しなければなりません。

そのため、後からIoTデバイスのネットワーク設定を行わなければならないため面倒なことになります。

③各部屋に有線LANを配線しアクセスポイントを設置

スマートホームを導入する場合はこの方式を採用します。

なぜなら、入居者が入居する前にIoTデバイスの事前設定を完了させておく必要があるからです。

そのため、入居者には部屋のアクセスポイントを占有させ、ネットワーク環境に左右されない完成された状態でなければ設定を終わらせることができません。

また、HUBのVLANにより各部屋同士は通信ができないため、セキュリティも確保されています。

3方式の中で1番導入費用がかかる方式になりますが、各部屋にアクセスポイントを設置しているので、無線LANの通信品質は1番よくなります。

〔図表68　ネットワーク構成イメージ〕

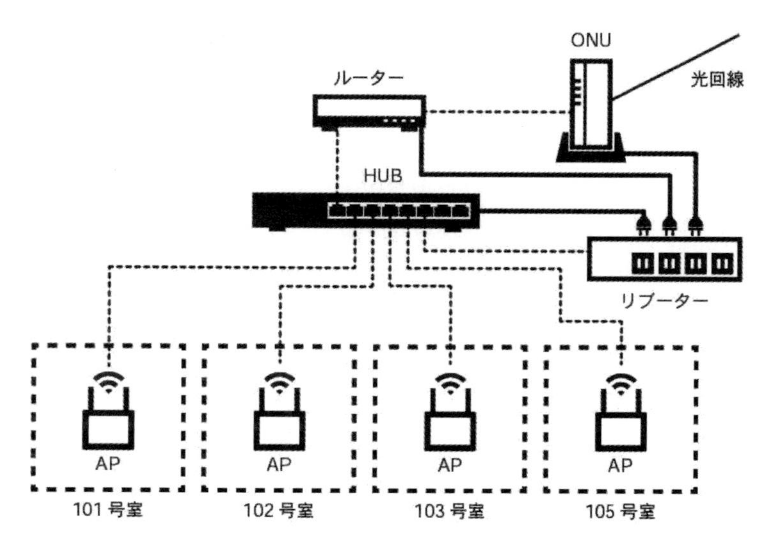

7　実際に導入したネットワーク機器

ルーター

〔図表69　YAHAMAのNVR510〕

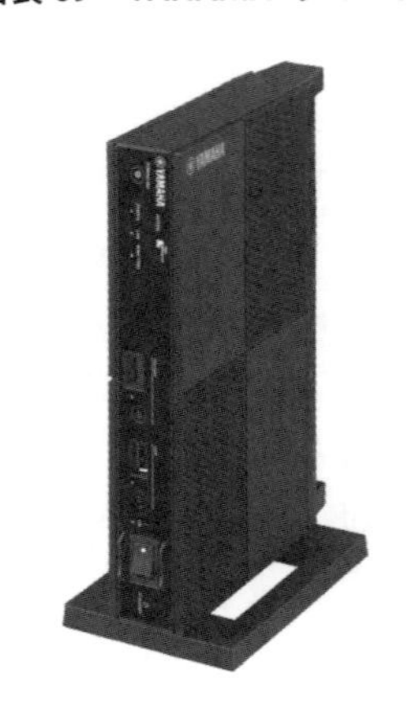

私がいつも導入しているルーターはYAHAMAのNVR500か後継機種のNVR510です。

ルーターと言えばバッファローやIODATAを思い浮かべる人が多いと思いますが、これらの製品はあくまでも家庭用の製品です。

私は過去に自宅で家庭用を利用していましたが、家庭用の製品は堅牢性が劣っているのかトラブルが多かったので家庭用は避けるようにしています。

特に、ルーターがトラブルを起こしてしまうと全部屋で通信できなくなるので信頼できる業務用を採用します。

ルーターは基本的にネットワーク機器の中で1番安定性を求められる機器なので、安さを理由に家庭用を入れるわけにはいきません。

このルーターに求めることは、ルーターとしての機能の他に、VPNを組めることと、UPnPに対応している点です。

これらの設定は、家庭用と同様にブラウザでルーターにアクセスして設定画面から行うことができるので、難しいことはありません。

NVR500は2010年に発売されたロングセラー商品なので、Web上にたくさんの情報があり不明な点は容易に調べることが出来ます。

HUB

〔図表 70　NETGEAR　JGS524PE〕

HUB に必要な機能として、VLAN と QoS、PoE があります。

VLAN と QoS が搭載されている HUB はスマートスイッチまたはレイヤ３スイッチと呼ばれる高機能な HUB です。

私がいつも導入しているのは、NETGEAR のアンマネージプラススイッチシリーズで、VLAN と QoS に特化することで低価格を実現しています。

アパートに導入するには VLAN と QoS があれば十分なので、特段他の機能は必要としていません。

アンマネージプラススイッチシリーズはポートの数や PoE の有無に応じて様々な機種があり、小さいものは 5 ポートから 24 ポートの機種まであるので、物件の規模に応じた機種を選べば良いです。

PoE（Power over Ethernet）とは LAN ケーブルで送電する技術のことで、接続先のデバイスに電力を供給してコンセントからの電力を不要となります。

接続先のアクセスポイントは PoE 対応のものを導入するので、PoE に対応する HUB を導入しなければなりません。

そのため、新築３棟目は 12 室なので 12 個の PoE 対応ポートがある JGS524PE を選んでいます。

アクセスポイント

各部屋に設置するアクセスポイントはコンセントと同様に埋め込み式を採用しています。

〔図表71　ELECOM WAB-S733IW-PD〕

一般的な据え置き式ではLANケーブルでアクセスポイント本体を接続しなければならないので、どうしても見栄えが悪くなります。

壁埋め込み式のアクセスポイントは色々なメーカーから発売されていますが、この機種が圧倒的に安く（約8,000円）他社製品の約半値です。

この製品の電源は100VではなくLANケーブルからのPoEで動作するので、電気工事が不要で簡単に施工できます。

法人向けの製品ですが普通に通販で買えるので、安く仕入れて自宅で設定を行い、電気屋さんに設置を依頼します。

初期セットアップはどの商品でも必要ですが、部屋数が多くなると手動での設定が大変になります。HUBに全台数を繋げて管理ツール（WAB-MAT）を使うことで一括設定することが可能なので、本当に手間がかからず便利です。

また、この管理ツールをインストールしたPCを物件に仕込むことで、ログを常時監視することができます。

本体の表面にはWPSボタンがありませんが、ブラウザからアクセスする管理画面上にWPSボタンがあるので、IoTデバイスを問題なく接続可能です。

リブーター（リセッター）

ルーターや HUB がフリーズしてしまうと、IoT デバイスも使えなくなるので、ネットワークを早期復旧させる必要があります。

特に、音声操作に慣れると依存性が高いので、管理会社に入るクレームも早いことが予想されます。

もっとも、管理会社にネットワーク管理を委託しているわけではないので、管理会社が対応できるわけではありません。

そのため、ネットワーク機器の死活監視を行うためにリブーターを入れます。私が採用しているのは明京電機の RPC-M4B や後継機種の RPC-M4LS です。

リブーターの仕組みは、まず対象となるネットワーク機器のコンセントをリブーターに接続します。

そして、ネットワークから対象機器に ping コマンド（相手と通信できるか確認するコマンド）を定期的に飛ばして、レスポンスが返ってこなかった場合、機器がフリーズしたと判断して自動的にコンセントを OFF → ON してくれます。

〔図表 72　明京電機 RPC-M4LS〕

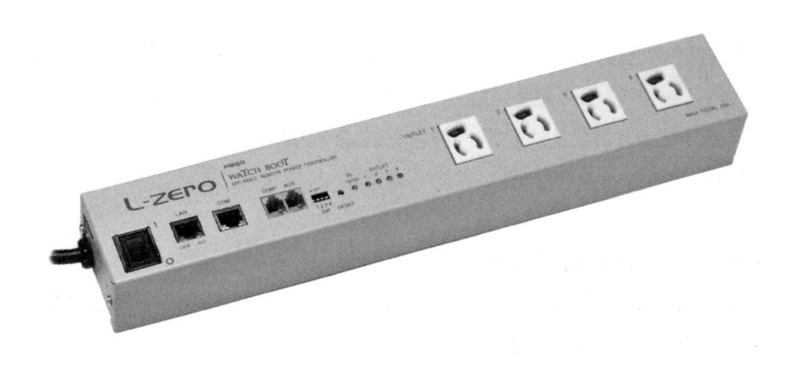

8　入居前後・退去後セッティング

Amazon製品を利用するにあたっての注意事項

Amazon製品（Echo dot、Fire TV Stick）を物件の備え付け設備として利用する場合、注意しなければならないことがあります。

それは、Alexa利用規約によって利用目的が「個人的および非商業的」に限定され、商業目的で利用することはできない点です。

この点についてAmazonのカスタマーサービスに電話確認したところ、入居後に入居者のアカウントを利用する場合は商業目的に該当しないとの回答をもらっています。

よって、大家側が作成したAmazonアカウントを入居者に貸し出すようなことはできません。

入居者がAmazonアカウントを持っていない場合は入居時につくってもらうように依頼しなければなりません。

そもそも、Amazonアカウントがない場合はAlexaを利用することができないので、アカウント作成に同意できない場合はスマートホームを提供することができません。

そのため、後述する覚書とアカウント作成手順を記載したマニュアルをセットにして渡して、アカウントを作成してもらいます。

また、この件については管理会社にも理解してもらい、アカウント作成のサポートを依頼しておく必要があります。

モデルルームのセッティング

入居者を募集するにあたって、スマートホーム環境を実際に体感してもらう必要があります。

見学者はスマートホームを体験したことのない人が多いので、実際に体感してみないことにはよさがわかりません。
しかし、残念ながら前述のAlexa利用規約により、内覧時にデモ用に作成したアカウントを利用すると、商用目的とみなされ利用規約違反となります。
この件について、カスタマーサービスに電話してデモを許可してもらえないかを交渉してみましたが、利用規約を理由に断られてしまいました。
そのため、Alexaを利用した音声操作を実演することはできませんが、スマートフォンを使った遠隔操作を実演するためのモデルルームを1部屋作成してスマートホーム環境を体験してもらいます。
音声操作の実演はできませんが、管理会社のスタッフを教育してどんなことができるのかを説明できるようにしておきます。
また、せっかくモデルルームを作成するのですから、ステージングを行いより魅力のある部屋を意識した方がよいでしょう。

設置した機器一覧の作成

IoTデバイスやネットワーク機器を設置した場合、必ず設定したネットワーク情報の一覧を作成します。
具体的には、デバイスごとに名称、IPアドレス、MACアドレス、アカウント情報など詳細な設定情報です。
この一覧を作成しておかないと、後々トラブルが発生した際に解決するのが困難になるので、もしものために作成します。
また、物件を売却する際に買主に引き継ぐ資料となるので、必ず作成するようにしてください。

入居者向けマニュアルの作成

スマートホーム環境が提供する機能は多種多様にあり、設計次第で増やすことができます。

しかし、こちらが便利だと思って提供していても、その機能の存在を入居者が知らなければ利用することはできません。

そのため、一体どんな機能があり、どうすれば使えるのかをまとめたマニュアルを作成しなければなりません。

具体的には、無線LANの接続方法、音声操作マニュアル、トラブル解決方法についてです。

トラブル解決方法については、後々入居者からの問い合わせやクレーム対応したことをマニュアル化して、随時入居者に配り更新できるようにします。

マニュアルをとじる際はクリアブックに印刷物を入れておくことで、追加や差し替えを容易にしています。

覚書の作成

スマートホーム環境を提供することの懸念材料として、入居者の意図の有無は別にして設定を変更されてしまいトラブルに発展することです。

トラブル対応の度に入居者訪問していては手間がかかります。

そのため、覚書を取り交わしてこちらに非がない場合は出張料をもらうことを取り決めておく必要があります。

この覚書を取り交わしておかなければ、どんなに些細な事でも呼び出されてしまう可能性があるので、それを防ぐ意図があります。

次ページのサンプルを参考に都合のよいようにつくり替えて利用してください。

私の場合は、この覚書とAlexaアプリのインストール手順とAmazonのアカウント作成方法を記載したマニュアルをセットにして渡すようにしています。

〔図表 73　覚書の例〕

●物件名●　スマートホーム（IoT）機器に関する覚書

（以下「甲」という）と　　　　　　　（以下「乙」という）は、●物件名●のスマートホーム(IoT)機器（以下「機器」という）に関して次のとおり合意した。

記

1．●物件名●の機器は下記の通りとする。
　① スマートスピーカー（Amazon Echo Dot）
　② セットトップボックス（Amazon Fire TV Stick）
　③ 赤外線学習リモコン（Nature Remo mini）
　④ 40 型液晶テレビ（ELSONIC　ECC-TF40R3）
　⑤ TV モニターホン（Panasonic VL-SVH705KL）
　⑥ ガス給湯器用リモコン（Rinnai MBC-302(A)）
　⑦ エアコン用無線 LAN アダプター（Fujitsu OP-J03A）

2．乙は機器専用の Amazon アカウントを作成し、アカウント名とパスワードは甲に連絡するものとする。既に取得している Amazon アカウントを利用する場合は、初回に限り甲が後日訪問し無償で設定する。次回以降は 5,000 円（税別）の手数料がかかるものとする。

3．乙は４年以上●物件名●に入居しなければならない。ただし、４年未満で退去してもペナルティはないものとする。

4．乙は機器に設定されている設定情報は無断で変更しないものとする。

5．乙は機器用アプリの設定ができない場合、初回に限り甲が後日訪問し無償で設定する。次回以降は 5,000 円（税別）の手数料がかかるものとする。

6．機器用アプリがスマートフォン環境等によって正常に動作しない場合、甲は一切責任を負わないものとする。

7．●物件名●の機器及びインターネット回線、設備等が入居期間中に故障した場合、または乙に損害（情報漏えい含む）が生じた場合、甲は一切責任を負わないものとする。

以上

----------次ページ----------

本書の成立を証するため、本書二通を作成し、甲乙各自署名捺印のうえ、各自一通を保管する。

平成　　年　　月　　日

甲　住所
　　氏名

乙　住所
　　氏名

<Amazon アカウント>
アカウント名（メール）：

パスワード：
※取得済みのアカウントを利用する場合は記載しない

入居前後設定

IoT デバイスの設定は２段階に分けて行います。

１段階目はデバイスを取り付けてネットワークに接続できることを確認し､スマートリモコンに各リモコン情報を登録しておきます。

２段階目は入居者が引越しを終えて、入居者のスマートフォンに各種アプリをインストールし、デバイスの設定を行います。

特に、この段階では入居者のスマートフォンを長時間預かることになるので、入居者からするとストレスとなります。

そのため、１段階目でできる範囲で設定を終わらせ２段階目をスムーズに終わらせるようにしなければなりません。

もしスマートホームの設定に不慣れなようなら、モデルルームで一時的に設定確認を行い、ロールプレイングを行っておくと良いでしょう。

また、自分用に設定手順マニュアルを作成すると頭の中の整理ができると思います。

退去後のリセット作業

退去が発生すると、退去者のスマートフォンから IoT デバイスを操作できないようにする必要があります。

退去者のスマートフォンアプリをアンインストールすればよいのではと思われるかもしれませんが、セキュリティ的に不十分です。

なぜなら、そもそも退去立会いに同行できない可能性もありますし、もし設定情報をメモされていると退去者が後から操作できることになり、いたずらをされる可能性があります。

そのため、スマートスピーカーは強制ログアウトする、スマートリモコンはリセットボタンを押下する、エアコン、給湯器、TV ドアホンは設定アカウントのパスワード変更を行う必要があります。

9　管理会社と入居者に対する指導

管理会社向けマニュアルの作成

管理会社が客付を行う際に、スマートホームについて内覧者に説明できなければなりません。

しかし、管理会社のスタッフ全員が仕様を理解して説明するのは難しい話なので、内覧時の対応マニュアルを作成します。

簡単に言うと内覧時のスタッフ向けのカンペを用意するのです。

具体的には、音声操作は実演することができないので、口で説明する必要があります。

音声操作で何と言えばどうなるのかを説明しなければなりませんし、遠隔操作用のスマートフォンがどこにあり、どのアプリを操作すればどの家電を操作できるのかを記載しなければなりません。

何故ここまでお膳立てしなければならないかと言うと、管理会社は面倒な対応をしたがらないのです。

管理会社からすれば、スマートホーム物件は他の物件と比べて説明が面倒な物件になりかねないので、紹介したとしても他の物件同様に普通の部屋として対応される可能性があります。

それではスマートホームアパートとして魅力を伝えないまま他の物件と比較されかねないので、何としても内覧者に魅力を伝えなければなりません。

そのため、管理会社にかかる手間のハードルを下げるために、マニュアルを用意して説明しやすい環境をこちらが準備する必要があります。

マニュアル作成後は現地にスタッフを招いてレクチャーをします。

賃貸借契約時の注意点

賃貸借契約書の取り交わしの際に、前述の覚書の取り交わしも同時に行うように管理会社に依頼します。

覚書の取り交わしが完了次第、入居者のスマートフォンを設定するために訪問する旨をスタッフに説明しておかなければなりません。

スマートフォンの設定も入居者向けにマニュアルを作成すればよいのでは？　と思われるかもしれませんが、設定トラブルが発生すると当然管理会社に連絡が行きます。

管理会社のスタッフは設定がわかるわけではなく、IoT デバイスのトラブル対応に長けているわけではないので、対応できるはずがありません。

では、電話をこちらに回してもらうこともできるのでは？　と思うかもしれませんが、入居者は初めてのことなのでうまく説明することができないのです。

そのため、電話でのやり取りをすることのほうがトラブルを悪化させたり時間がかかったりすることが多いのです。

これを解決するには急がば回れというように、やはりわかる人間が訪問して設定するのが一番スムーズで時間がかかりません。

一度完璧に設定すればトラブルになることはないはずです。

このとき、スタッフには「誰が行くのか」をキチンと説明しなければなりません。

誰とはもちろん自分（大家）なのですが、入居者には「大家が行く」と伝えるのか「業者が行く」と伝えるのかを念を押して説明しなければなりません。

大家の中には入居者と交流したい方と交流したくない方の２パターンあります。

私は後者（大家だとバレると無理難題を言われる可能性があるので）なのですが、大家が行くのではなく業者が行くと伝えてほしいと説明しなければなりません。

もし業者のふりをするのであれば、作業着かスーツを着て訪問するなどの変装まで行ってください。

入居後設定訪問

入居者の引越しが終わったタイミングで、入居者のスマートフォンに設定を行うために訪問します。

このとき、ただ単に設定だけするのではなく、入居者に使い方のレクチャーを行います。

これを行わなければ、入居者は使い方がわかりません。

入居者の立場からすると、わからないことや質問したいことがたくさんあるはずなので、そのストレスを解消してあげなければクレームに発展する可能性もあります。

一通り設定し入居者に説明するために、事前にチェックリストを作成し、説明に抜け漏れがないようにします。

また、このチェックリストは設定漏れや説明漏れを防ぐ以外にデバイスに問題がないことを確認してもらう意図があります。

そのため、チェックを記入する作業は入居者に依頼します。

最後に署名をもらうことで設定に問題がなかったことの証明となり、後々のトラブル対応する際の証拠材料となります。

例えば、入居者の不注意で設定変更してしまい、こちらが出向いて設定し直さなければならない事態となっても、出張料を入居者に請求することができます。また、入居者が「最初から使えなかった」などと言い逃れできないようになります。

〔図表74　IoT機器設定チェックリスト〕

●物件名●　IoT機器設定チェックリスト

各項目を確認して、問題なければ❑に✓マークを記入してください。
確認が不要の場合は【不要】に○を記入してください。
スマートフォンアプリは環境に応じて利用できない場合があります。ご了承ください。

1. テレビ
- ❑ テレビがリモコン操作で正常に動作することを確認
- ❑ Alexaを利用して音声で操作できることを確認【不要】
- ❑ Fire TV Stickを利用してVODの視聴ができることを確認【不要】

2. エアコン
- ❑ エアコンがリモコン操作で正常に動作することを確認
- ❑ Alexaを利用して音声で操作できることを確認【不要】
- ❑ 「どこでもエアコン」（アプリ）を利用してスマートフォンから操作できることを確認【不要】

3. 照明
- ❑ 照明が壁スイッチ操作で正常に動作することを確認
- ❑ とったらリモコンを利用して操作できることを確認
- ❑ Alexaを利用して音声で操作できることを確認【不要】

4. 給湯器
- ❑ 給湯器が壁リモコン操作で正常に動作することを確認
- ❑ Alexaを利用して音声で操作できることを確認【不要】
- ❑ 「どこでもリンナイアプリ」（アプリ）を利用してスマートフォンから操作できることを確認【不要】

5. TVドアホン
- ❑ TVドアホンが壁パネル操作で正常に動作することを確認
- ❑ 「ドアホンコネクト」（アプリ）を利用してスマートフォンから応対ができることを確認　【不要】

6. 防犯カメラ
- ❑ 「Danale」（アプリ）を利用してスマートフォンからLive映像が見えることを確認【不要】

上記の項目を確認しました。

年　　　月　　　日

部屋番号　　　　　号室　　氏名＿＿＿＿＿＿＿＿＿＿

テレビを備え付けた際の注意点

スマートホーム対応する際にテレビを設置した場合、注意点しなければならないことがあります。

テレビを設置することでNHKの受信料は一体誰が払うことになるのかが問題になります。

大家の立場からすると、実際にテレビを視聴してサービスを享受しているのは入居者なのだから、入居者が受信料を支払うべきだと思います。

実は、2018年8月にレオパレスに設置されているテレビの受信料について最高裁判所の判決が出ました。

受信料の支払いは「大家」「管理者」「入居者」の誰でもよいことになったのです。

そもそも、放送法64条1項では「受信設備を設置した者」に受信料の支払義務があることになっています。

そのため、この裁判では入居者に支払義務があるのかが争われたのですが、テレビが備え付けられた賃貸住宅の場合は、占有している入居者も「受信設備を設置した者」の対象とすることになったのです。

この判決は至極真っ当だと思うのですが、支払義務があるのはテレビ所有者である「大家」でも構わないので、事前に対策しておく必要があります。

そこで、テレビの受信料について後から入居者とトラブルにならないように、賃貸借契約書の特記事項に「NHKの受信料の支払いは入居者が行う」旨を記載するように管理会社に依頼します。

この記載を入居者から削除して欲しいと申し出があった場合は、テレビを撤去することになるので、入居者とよく話し合う必要があります。

おわりに

最後まで読んでいただき、ありがとうございます。

『田舎大家流「新築×IoT」不動産投資術』の感想はいかがでしたでしょうか？

私のスマートホームアパートの反響がすごく、完成当初から同業大家さんから見学の申込が多く、県外の著名な方々も見に来てくださいました。

著名な方でなくても、声で家電を操作できる点、外出先からスマホで操作できることを実演すると皆「すごい」と言ってくれます。

また、「週刊賃貸住宅新聞」「家主と地主」にも掲載され、ELECOM社からも取材を受けたことを考えるとやはりIoTは注目されていると感じています。

私が不動産賃貸業を始めた2014年頃にはすでに無料インターネットが広がりつつありましたが、普通に考えて未来永劫インターネット回線を提供するだけで終わるとは考えられません。

インターネットを利用したサービスに発展することは容易に想像できますし、すでにその波は来ています。

例えば、大手アパートメーカーは入居者サービスとしてVOD（ビデオ・オン・デマンド）があります。

このような大規模サービスの導入は個人投資家レベルでは無理ですがAmazon Fire TVを利用すれば入居者のAmazonアカウントで代替的に導入することが可能です。

つまり、完璧なシステムを導入するのはコスト的に無理でも、自前で近いところまで持っていくのは可能です。

今回は新築アパートをベースにスマートホームを導入したので、電源や家電の取り回しを織り込むのが簡単でした。

では、中古の既存物件ではできないのか？　というとそんなことはありません。

私が所有している中古物件の空き部屋には既にできる範囲で IoT デバイスを導入しています。

もちろん、新築と違い制限はありますが、できることは多々あり工夫次第で色々な IoT デバイスを搭載することは可能なのです。

私は不動産賃貸業に大切なことに、「試行錯誤」と「創意工夫」があると思っています。

不動産賃貸業は他の業種と比較して、必要な業務のほとんどを外注できてしまう稀な業種です。

そのため、実務的な作業は削減できるので時間はたくさんあり、自分の物件をよくするための何かしらの努力はできるはずです。

それにもかかわらず、最近の投資家はすべての作業を業者に丸投げするだけでなく、考えることすらも丸投げしている人が多いと感じています。不動産賃貸業は甘い業種ですが、考えることを放棄しても成り立つような業種ではありません。

不動産投資家が増えたことによって競合が増えれば、当然競争が働きます。その競争に勝つための差別化を考えるのは自分自身だ！ということを是非肝に銘じて欲しいと思います。

最後になりますが、物件を建設するにあたりアイディアをくれた地元の諸先輩方、出版するにあたり協力していただいたメーカー様、この場をお借りしてお礼申し上げます。本当にありがとうございます。

そして、本書を手に取ってくれた読者の方の成功をお祈りします。

2019 年 9 月吉日

ド田舎大家 T こと「多喜 裕介」

著者略歴

多喜　裕介（たき　ゆうすけ）

1982 年 9 月石川県金沢市生まれ。富山県富山市在住。
家賃年収 5000 万円超の不動産投資家。
2005 年に大学卒業後、地元商社に SE として入社。数年後、建設業の事務職、ビル管理の職種を経験し独立。
2014 年 7 月中古のファミリー向けアパート（1 棟目）購入。2 年間でアパートを 9 棟取得し、実質キャッシュフロー 130 万円 / 月（家賃年収 2600 万円）を達成し、サラリーマンをリタイア。
専業となった後も築古アパートを購入しつつ、築古アパートのデメリットを埋めるべく新築アパートを企画。
2017 年 3 月に新築 1 棟目を完成させ、翌年 2018 年 2 月に新築 1 棟目の反省点を解消した 2 棟目を完成させる。さらに翌年 2019 年 1 月に IoT 機器を導入し徹底的に差別化を行ったスマートホームアパートを完成。
著書：『田舎大家流不動産投資術 : たった 3 年で家賃年収 4700 万円を達成した私の成功法則』（合同フォレスト）

田舎大家流「新築× IoT」不動産投資術

新築アパートはスマートホームで成功する！

2019 年 10 月 18 日 初版発行　　2024 年 1 月 26 日 第 3 刷発行

著　者　多喜　裕介　© Yusuke Taki
発行人　森　　忠順
発行所　株式会社 セルバ出版
〒 113-0034
東京都文京区湯島 1 丁目 12 番 6 号 高関ビル 5 B
☎ 03（5812）1178　FAX 03（5812）1188
https://seluba.co.jp/
発　売　株式会社 創英社／三省堂書店
〒 101-0051
東京都千代田区神田神保町 1 丁目 1 番地
☎ 03（3291）2295　FAX 03（3292）7687

印刷・製本　株式会社 丸井工文社

Printed in JAPAN
ISBN978-4-86367-528-5